多层次资本市场研究

2021年第2辑 总第8辑

徐 明 隋 强 主编

责任编辑：石　坚
责任校对：孙　蕊
责任印制：丁淮宾

图书在版编目（CIP）数据

多层次资本市场研究. 2021年. 第2辑：总第8辑/徐明，隋强主编. —北京：中国金融出版社，2021.11
ISBN 978-7-5220-1418-0

Ⅰ.①多…　Ⅱ.①徐…②隋…　Ⅲ.①资本市场—研究—中国　Ⅳ.①F832.51

中国版本图书馆CIP数据核字（2021）第247353号

多层次资本市场研究. 2021年第2辑
DUOCENGCI ZIBEN SHICHANG YANJIU. 2021 NIAN DI-ER JI

出版发行	中国金融出版社
社址	北京市丰台区益泽路2号
市场开发部	（010）66024766，63805472，63439533（传真）
网上书店	www.cfph.cn
	（010）66024766，63372837（传真）
读者服务部	（010）66070833，62568380
邮编	100071
经销	新华书店
印刷	河北松源印刷有限公司
尺寸	185毫米×260毫米
印张	11
字数	175千
版次	2021年11月第1版
印次	2021年11月第1次印刷
定价	58.00元

ISBN 978-7-5220-1418-0
如出现印装错误本社负责调换　联系电话(010)63263947

学术指导委员会（按拼音排序）

联席主任：李剑阁　李　扬
学术顾问：谢　庚
委　　员：顾功耘　郭　锋　廖　理　马　骏　王国刚　王利明
　　　　　王　娴　翟立新

编辑委员会

主　　任：徐　明　隋　强
副 主 任：王　丽
编　　委：（按拼音排序）
　　　　　陈　洁　范保群　付　彦　高善文　郭　雳　贾广岩
　　　　　李迅雷　刘　忠　卢文道　罗培新　吕红兵　彭　冰
　　　　　汤　欣　姚余栋　叶　林　袁　季　张跃文　张子学
　　　　　郑建明　诸海滨
主　　编：徐　明　隋　强
副 主 编：王　丽
法律顾问：牛文婕
执行主编：李　萌
编　　辑：田李蓓　时　晋　李　征　李志华　佟　萌　杨微波
　　　　　陈建波　周青颖　张付标　崔晓杨　谢幽篁

编者按

公司是重要的市场主体。公司法不仅对确认公司法律地位、建立现代公司制度、规范公司组织行为、保护相关主体权益有着重要意义,而且对资本市场蓬勃发展起到积极推动作用。2019年,全国人大法工委正式启动公司法修改工作。

本次公司法修改将全面总结十几年来公司法制实践,对现有公司法律制度进行系统优化和完善。为探讨法律理论研究,汇聚各方真知灼见,本辑特别策划公司法修改专刊,在"制度探索""域外经验""法制建设"3个栏目中,围绕公司法修改这一主题,从不同角度展开讨论。

公司类型制度是公司法基本制度之一,合理划分公司类型是设置公司治理结构的前提和基础。如何优化当前公司类型制度成为本次公司法修改的热点议题。本辑"制度探索"栏目共收录4篇论文,围绕公司类型制度进行集中讨论。全国中小企业股份转让系统有限责任公司党委书记、董事长,北京证券交易所董事长徐明在《公司法应当赋予公众公司重要地位》一文中提出公众公司是通过公开发行股票、公开交易股票或者股东人数规模达到公众性程度的股份公司,在公众公司已有很好实践经验基础上,应当在公司法中引入公众公司这一公司类型,并有针对性地提出公司治理、信息披露、特殊治理机制、中小股东权益保护等方面要求,明确公众公司细分类型及差异化监管安排。中国政法大学副教授、博士生导师,全国人大常委会法工委公司法修改专班成员刘斌在《公众公司的实践演进与立法回应》一文中建议将非上市公众公司作为公开股份公司的特别类型加以特别规定。华东政法大学教授伍坚与王娜合著的《我国公司类型的改革——公众公司的引入》提出按照股份公开交易为标准界定公众公司的思路。四川省社会科学院副研究员钟洪明在《略论我国公众公司制度的立法完善——以公司法修订为中心》中提出借助公司法修改的契机,引入公众公司和封闭公司的公司类型划分方式,系统构建规范体系。

公司类型制度发轫于西方国家，历经几个世纪演进，西方国家的公司类型制度已经较为成熟和完备。本辑设"域外经验"栏目，共收录3篇论文，分别介绍德国、英国、美国的公司类型制度立法经验。《论股份公司的差异化规范——基于德国股份公司法改革》一文提出，德国股份公司法形成上市公司与非上市公司差异化规范格局，既加强了上市公司监管，又缓解了非上市公司监管过度的局面，还增加了中型企业的融资渠道。《英国非上市公众公司的本原厘定与规制体系》一文提出，我国的非上市公众公司的法律定位和规制体系尚不清晰，可以从英国建立在"公众性"基础上的非上市公众公司规制体系中找到借鉴思路。《美国报告公司制度研究》一文系统地介绍了美国非上市公众公司的报告公司制度，该制度以信息披露为核心，具有监管统一化、信息分层化、注册便捷化和边界明确化等典型特征，可以为完善非上市公众公司监管制度提供有效参考。

在本次公司法修改过程中，公司资本制度和公司治理制度是备受各方关注的热点。本辑"法制建设"栏目围绕这两项制度展开，收录2篇论文。华东政法大学教授郑彧在《股东加速出资规则的利益考量》一文中建议通过更加明确及法定化的条件使市场主体知悉认缴制下股东出资的权利、义务和限制，引导特定情形下股东的自愿加速出资。中国金融期货交易所巡回审理协作部程红星和王超在《公司法修改背景下独立董事信义义务再思考》一文中对我国独立董事在上市公司信息披露中的定位及勤勉义务进行思考，提出独立董事信义义务应以履职情况为基础、以主客观结合方式进行评估。

新证券法实施后，其创新性的制度安排及有关法律适用问题引起各界强烈关注。本辑"实务前沿"栏目主要围绕新证券法的理论及实践，共收录3篇论文，分别就"中国版证券集团诉讼"、信息披露行政责任、转售制度等证券法领域的热点议题展开讨论。四川省社会科学院研究员、教授，中国法学会商法学研究会副会长、中国法学会证券法学研究会副会长周友苏的《证券特别代表人诉讼需要考量和把握的司法政策》重点关注新证券法中的投资者保护制度，文章通过对典型案例的实证分析，总结特别代表人诉讼制度的司法实践现状，并提出司法政策考量的相关建议。北京金杜律师事务所律师赖坤元与北京大学法学院教授、博士生导师蒋大兴在合著的《委派董事之股东的信披违法行政责任研究（上）》中对我国公众公司公司治理的现状和问题进行观察和思考，提出可参照影子董事与事实董事制度尝试构建一套信披违法追责路径。全国股转公司研究部张异冉在《美国证券私下转售制度研究》中对美国转售制度进行详细介绍，并对制度适用情况进行分析探讨。

目　　录

【制度探索】

◇ 公司法应当赋予公众公司重要地位　　　　　　　　徐　明　003
◇ 公众公司的实践演进与立法回应　　　　　　　　　刘　斌　012
◇ 我国公司类型的改革
　　——公众公司的引入　　　　　　　　　　　伍　坚　王　娜　026
◇ 略论我国公众公司制度的立法完善
　　——以公司法修订为中心　　　　　　　　　　　钟洪明　038

【域外经验】

◇ 论股份公司的差异化规范
　　——基于德国股份公司法改革　　　　　　　　　安晋城　055
◇ 英国非上市公众公司的本原厘定与规制体系　　　　丁亚琪　068
◇ 美国报告公司制度研究　　　　　　　　　　　　　陈　希　079

【法制建设】

◇ 股东加速出资规则的利益考量　　　　　　　　　　郑　彧　091
◇ 公司法修改背景下独立董事信义义务再思考　　程红星　王　超　108

【实务前沿】

◇ 证券特别代表人诉讼需要考量和把握的司法政策　　周友苏　121
◇ 委派董事之股东的信披违法行政责任研究（上）　赖坤元　蒋大兴　129
◇ 美国证券私下转售制度研究　　　　　　　　　　　张昪冉　147

◇ 稿　约　　　　　　　　　　　　　　　　　　　　　　　　161
◇ 编辑体例　　　　　　　　　　　　　　　　　　　　　　　162

制度探索

公司法应当赋予公众公司重要地位

徐 明*

摘 要：公众公司是通过公开发行股票、公开交易股票或者股东人数规模达到公众性程度的股份公司，具有股份性、公众性、公开性、严管性等特征。在公众公司已有很好实践经验的基础上，公司法引入公众公司有利于区别非公众公司、保护中小股东、发挥法律的宣示作用。公司法引入公众公司，应当以公众性为标准划分公司类型，有针对性地提出公司治理、信息披露、特殊治理机制、中小股东权益保护等方面的要求，明确公众公司的细分类型及差异化监管安排。

关键词：公众公司 公众性 公司法

我国在法律体系上属于大陆法系国家，公司法自然也沿用大陆法系国家的立法实践，当中并没有公众公司的概念。随着上市公司在我国经济发展、社会生活的作用和地位越来越重要，我国公司法在修改过程中增加"上市公司"一节，对上市公司的内容做简单规定，但在公司法的公司类型上仍将其归于股份有限公司。随着我国经济的不断发展、公司类型的丰富、证券市场实践的进一步深入，公司法的这一划分方法不能完全反映不同类型公司之间的公众性差异。公司法应当借鉴境外公司法的实践，引入"公众公司"的概念并就公众公司制度进行规定。

---

① 原文发表于《金融时报》2021年4月12日第11版。

* 徐明，全国中小企业股份转让系统有限责任公司党委书记、董事长，北京证券交易所董事长。

一、公众公司的概念和特征

综观世界主要国家和地区的公司法和证券法等法律制度，无论是英美法系还是大陆法系的国家和地区，都没有统一、清晰的公众公司定义。笔者认为，公众公司概念的核心内涵在于它的"公众性"，公众公司一般具有如下特点。

首先，公众公司具有股份性。公众公司是股份有限公司。股份有限公司特点在于：一是股东较为广泛。股份有限公司通过发起设立或者募集设立可以较广泛地发行股票筹集资本。二是出资具有股份性。股份有限公司的全部资本划分为金额相等的股份，股份是构成公司资本的最小单位。三是股东责任有限性。股份有限公司的股东对公司债务仅就其认购的股份为限承担责任，公司的债权人不得直接向公司股东提出清偿债务的要求。四是股份有较好的流动性。一般情况下，股份有限公司募集股份较有限责任公司更为公开。同时，为提高股份的融资能力和吸引投资者，股份具有较好的流通性。五是公司公开程度较高。股份有限公司在发行股份和经营过程中，与有限责任公司相比更加开放。

股份有限公司的上述特征契合公众公司的相关要素和基本要求。公众公司的股份性特征使股份公司成为公众公司的前提和基础，排除有限责任公司及其他类型的公司作为公众公司的可能性。

其次，公众公司具有公众性。"公众性"是公众公司的重要标志。一般而言，各国将公开发行或者公开交易的公司视为公众公司，将非公开发行或者非公开交易的公司视为非公众公司。对公众公司规制较为严格，监管较为严厉，公开发行、公开交易需要公权力介入，且介入程度较深。对非公众公司规制较为宽容，监管较为宽松，公权力介入的力度较轻。

国家公权力介入的程度较深，是由公众公司的特点所决定的。与非公众公司相比，公众公司具有公开发行、公开交易等鲜明的特点。其一，股票公开发行、公开交易的涉众性强。其二，股票公开发行、公开交易的经济利益巨大。其三，股票公开发行、公开交易的博弈程度高。只有对发行人进行严格审核，对市场参与者进行严格监管，才能保护投资者，尤其是中小投资者合法权益，保证市场的公开公平公正。

再次，公众公司具有公开性。其一，公众公司的股份发行一般是公开的，股份发行的对象是不特定的社会公众投资者或较大数量的投资者。其二，公众公司的股份交易一般是公开的，即公众公司的股份在发行后，一般要进入证券交易场所上市或者挂牌交易。股票的公开交易带给股份有限公司公众性。其三，公众公司的公司治理是公开的。公众公司的公司治理公开主要表现为程序公开和内容公开。在程序公开方面，公司的"三会一层"即股东大会、董事会、监事会及管理层所举行的会议，一般有法定的程序，特别是公司股东大会应对外进行公告，并在会前的一段时间内通知股东。在内容公开方面，除不宜公开的商业秘密，股东大会提案等公司治理中的重要信息均应通知股东。其四，公众公司的信息是公开的。公众公司的"涉众性"要求公众公司必须进行信息披露，使公司的广大股东、投资者能够及时掌握公司的情况。

最后，公众公司具有严管性。对公众公司的监管是较为严格的。在法律规定上，对公众公司的规定大多数是对公众公司的约束。对公众公司的大股东、控股股东、实际控制人，对公众公司的董事、监事、高级管理人员等严加管理，其目的就是要防止公司或者上述人员利用自己的优势地位，滥用权力，为自己谋利，损害中小投资者的合法权益。在监管执法上，对公众公司的监管部门是全方位的。除国家行政机关即国务院证券监督管理机构及其派出机构作为监管公众公司的主要力量外，证券交易场所作为公众公司的自律管理机构，上市公司和挂牌公司协会作为公众公司的行业协会，也从不同的角度对公众公司进行监督管理。此外，国家设立的投资者保护机构还可以从股东的角度实行对公众公司的自我监督。

综上所述，公众公司是通过公开发行股票、公开交易股票或者股东人数规模达到公众性程度的股份公司。公众公司的具体类型为上市公司、股票在全国性证券交易场所交易的公司（挂牌公司）以及公众化股份公司。

二、公司法应当引入公众公司

（一）引入公众公司具有重要意义

1. 公司法上的意义

首先，在公司设立上，对公众公司设置较为严格的设立程序和较为严格的审查制度。其次，在公司章程上，公众公司的公司章程在内容上多于非公众公司。由于公众公司的股东人数众多，公众公司的章程在公司股东大会、董事会及其他公司治理方面有更多的要求，包括对中小股东和异议股东保护的安排。再次，在公司治理上，公众公司也严于非公众公司。在公司治理的程序和内容上，对股东大会、董事会、监事会等要求是较为严格的，对大股东、控股股东、实际控制人防止利益输送、关联交易、内部人控制和损害中小股东权益等方面均是法律和监管的重点关注事项。最后，在公司经营上，股东的所有权和公司的经营权分离。公司要寻找代理人经营公司，在公司经营的委托代理过程中，对职业经理人的规定和职业要求较高。如何防止经理人滥用权力，防止内部人控制公司，是公众公司规制的重点。

2. 证券法上的意义

公众公司在证券法上主要体现为三种类型，即公开发行的公司、公开交易的公司和达到公众化程度的退市公司、摘牌公司。对于第三种类型的公司，由于上市公司退市或者挂牌公司摘牌后，公司的股东人数较多，达到法律法规规定的公众公司标准，仍然被视为公众公司，应当按照公众公司相关规定进行管理和监督。

在证券法上，三种类型的公众公司尽管界定标准和监管要求不尽相同，但作为公众公司，受到法律法规和证券监管部门的监管都要比非公众公司严格，相关当事人承担的义务也要大得多。证券法更加注重公众公司的公司治理和信息披露，防止滥用股东权利、虚假陈述、内幕交易、操作市场、欺诈客户等违法违规行为的发生，更加强调对投资者尤其是中小投资者合法权益的保护。

3. 对投融资双方的意义

对融资者而言，公众公司意味着更广泛的融资对象、更大的融资规模、更合理的融资价格、更好的流动性。对投资者而言，公众公司意味着更严格的公司治理、更透明的信息披露、更有保障的公司质量、更高的交易效率、更充分的价格发现。

（二）引入公众公司已有很好的实践基础

从境外实践看，公众公司和非公众公司的划分正成为世界各国各地区公司组织形式的主流划分模式。公众公司和封闭公司的划分本就源于英美法系，在美国、英国等国家，均通过法律对公众公司概念予以细化界定，并匹配相应的信息披露和公司治理要求。在日本、我国台湾地区等深受大陆法系影响以及那些传统上并没有公众公司概念的国家或地区，也逐渐出现公众公司概念。比如日本直接在公司法中规定公众公司；我国台湾地区虽然没有直接规定公众公司，但界定闭锁性股份有限公司，同时对其他具有涉众性的公司应当履行的信息披露义务等进行规定。

从我国资本市场来看，历经数年实践，已经形成由上市公司、非上市公众公司为主的公众公司群体，除此之外，还存在具有一定股东规模的公众化股份公司；既有大量涉及上市公司的法律法规、规章和规范性文件、证券交易所的业务规则，也形成以《非上市公众公司监督管理办法》《非上市公众公司信息披露管理办法》为代表的非上市公众公司部门规章、规范性文件及交易场所自律规则等一系列规范依据。可以说，公众公司不但在法律规范上有大量的实质性规定，在实践中也积累了大量的监管经验，将公众公司的概念引入公司法中进行规定已经具备较为充分的法律和实践基础。

（三）引入公众公司有利于区别非公众公司

公众公司与非公众公司具有很大的差异，这种差异需要我们在公司法律制度中相应采取不同的立法态度，提出不同的法律规范要求，从而更加精准地规制不同形态和特征的公司。公众公司与非公众公司的差异主要体现在四个方面。

一是股东构成。现行公司法没有将股份有限公司和有限责任公司很好地加以区分，我国公司运作的实践面临着困难。而公众公司和非公众公司的划分，使公司的股东构成、股东人数的识别度十分明显。在股东结构上，公众公司的股东类型和范围较广。不但有公司发起人股东，还有大量的通过公开发行、公开交易等方式加入公司的股东，公司股东人数众多且股份较为分散。这决定了广大中小股东难以参与公司经营，也很难通过行使表决权等影响公司经营决策。而非公众公司股东数量较少，持股集中，多数股东具有通过行使表决权、提案权等方式直接参与公司经营决策的能力。

二是信息披露。现行公司法对有限责任公司和股份有限公司两者的信息披露规定差别不大。理论上，信息披露的重要程度因公司的公众性不同而有所不同。即使同为股份有限公司，因公众性程度不同在信息披露的要求上也有较大区别。从公司制度的实践看，公开发行、公开交易或者公众化程度高的股份有限公司，则应当向社会公众披露定期报告并在发生重大事项时披露临时报告，公众公司的信息披露要求大大高于非公众公司。

三是公司治理。现行公司法对有限责任公司和股份有限公司两者关于公司治理的规定几乎没有实质性区别，但这与公司实际的治理需求是不匹配的。如果以公司的公众性为划分标准，对不同类型公司的公司治理要求就会有较大的区别。公众公司更加需要强调保护中小股东在公司治理中的相关权利，对公众公司进行规范的强制性色彩更加凸显，对其公司治理的规定更为细致、约束性更强。而非公众公司在多数事项上遵循"公司自治"的原则，法律并不对其进行强制性要求。

四是交易方式。公众公司的股票既可以在证券交易所上市交易，也可以在证券交易场所挂牌交易，不论采用何种方式，公众公司的股票交易都严格按照交易规则进行，交易公开、透明、连续、高效，价格的形成具有较高程度的公信力。而非公众公司则采取一对一的股权转让模式，在公开性、规范性、效率性、公信力、影响力、受监管的程度等方面都不如公众公司。

（四）引入公众公司有利于保护中小股东合法权益

由于公众公司的股东尤其是外部股东、中小股东众多，与非公众公司相比，公众公司的多数股东持股比例低、维权能力弱，难以仅凭一己之力，通过参与公司治理或者提起诉讼等方式获得充分保护，需要法律进行倾斜保护、监管力量更多介入。新修订的证券法增设投资者保护专章，明确先行赔付、支持诉讼、集体诉讼等系列制度，就是要进一步加强对公众公司中小股东合法权益的保护。而非公众公司具有"私人"属性和"封闭性"特点，股东人数较少且股东之间相对比较了解，股东对公司的熟悉程度较高，在投资者保护方面并不需要公众公司那样有国家法律和行政部门的强力介入。

公司法本身就是一部以保护股东为主要价值追求的法律。公司法引入公众公司概念，系统规定公众公司的内涵和外延，并匹配相应的监管要求和法律责任，将进一步加强对中小股东的保护。如果公司法能够在证券法规定的基础上，从主体监管角度对公众公司的公司治理等作出规定，将有利于加强公众公司监管，与证券法共同形成保护中小股东的合力。

（五）引入公众公司有利于法律的宣示作用

一是突出公众公司在公司法中的重要地位，凸显立法者对中小股东保护的重视。公司法中突出公众公司的概念并没有削弱公司法作为公司组织法、程序法和管理法的地位，也没有妨碍公司的正常经营和公司治理，但却能集中表达公司法保护股东尤其是中小股东合法权益的立法宗旨与核心价值。但在实践中，公司法中对大股东、控股股东、实际控制人的约束非常有限，监管和执法中对他们的威慑不足。在公众化程度较高的公司中，中小股东合法权益受到损害的情况更加突出。公司法的实施效果并不尽如人意。公司法对如何实现股东保护的机理思路尚未厘清是至为重要的原因之一，反映在公司法文本设计上的一个重要表现就是没有将公众公司与非公众公司加以区别对待，没有考虑到公众公司的股东兼具股东和投资者（证券交易者）双重身份，而非公众公司的股东更多的只是公司成员这一重身份。公司法引入公众公司概念，不仅有利于唤起股东意识并加强对中小股东的保护，也能宣示公司法的导向，引起各方对公众公司的关注和对中小股东保护的法律意识，对损害股东尤其是中小股东的行为起到威慑作用。

二是实现立法层面法理逻辑与制度设计的一体化，有利于法律条文的具体落实与便捷应用。以公众公司和非公众公司为公司法制度设计的逻辑和一体化安排，能够更加清晰地表明公司法中公司形态差异性，并以此根据公众公司和非公众公司的各自特点进行差异化安排，使法律规定具有针对性，也便于实践中更有效地执行。我国现行公司法中的有限责任公司、股份有限公司、上市公司、国有独资公司、一人有限公司制度安排，尽管有其一定的合理性，但不足明显。如果立法逻辑和制度安排理念按照公众公司和非公众公司来划分，其差异化和各自特点则更加突出，由此在公司法上作出不同的规定和安排是水到渠成的。

三、公司法对公众公司的规范方式

公司法引入公众公司是我国现行公司法修改中应当考虑的重要议题，公司法引入公众公司需要做到"三个明确"。

（一）明确公众公司的入法逻辑

从我国公司法立法原意看，现有的有限公司、股份公司的分类方式旨在凸显不同公司的人合性和资合性。但在目前实践中，公司外源性融资比例增多，公司人合性和资合性特征不再泾渭分明，采用公众性标准予以划分更能反映不同公司的特征。立法上对公司类型进行划分，很难将不同类型公司的基本特征十分清晰地加以规定。

采取公众公司与非公众公司的公司形态的划分比现行公司法按照有限责任公司和股份有限公司进行划分更为科学。这种划分是以公司的公众性、公开性为基础的，公司通过公开发行、公开交易或者股东人数公众化，不但排除有限责任公司和股份有限公司在人合性、资合性上的模糊和困难，更容易针对这一类公司所具有的共同性在法律上作出安排，充分保护社会股东和中小股东的合法权益。比如从现行股份公司规则适用看，较为严格的"三会"要求、累积投票权等特别股东权利行使规则等，从其立法目的看，均适宜用在中小投资者保护要求较高的公众公司，而非一般股份公司上。因此，采用公众性为依据划分公司类型，重新厘清公司基本组织形式分类，有益于充分反映实践做法，凸显将公众性作为公司类型划分依据的基本逻辑和公司立法的科学性。

（二）明确公众公司的共性监管要求

公司法引入公众公司概念后，应当规定公众公司的共性监管制度及要求，主要有以下四点考虑。

一是规范"三会一层"运作。要求公众公司设置符合公司治理规范要求的"三会一层"制度，明晰相关主体的职责、议事规则和议事内容。在公司法中对公司章程进行必要的规定，缩小公众公司的意思自治空间，并从程序和实体上加以严格规范。

二是严格信息披露要求。进一步完善公众公司与公众股东、中小投资者的关系管理，建立公众公司与公众股东、中小投资者的联络沟通渠道。公众公司应当定期或不定期地开展投资者说明会，介绍公司的生产经营、公司治理等与公众股东、外部投资者密切相关的情况。

三是规定特殊治理机制。为防止大股东、控股股东、实际控制人利用优势地位和控制权进行关联交易、对外担保等，进一步规定股东大会重大事项表决的关联方回避机制和中小股东单独计票规则，累积投票权、类别股等特别表决权机制。为防止大股东、控股股东、实际控制人掌控、影响和干扰董事会，积极发挥独立董事等特别治理机制作用，进一步约束和规范大股东、控股股东、实际控制人行为。

四是加强中小股东权益保护机制。进一步加强同证券法的协调，吸收新证券法已经规定的中小投资者保护机制，确认国家设立的投资者保护机构的法律地位和职能，确认先行赔付制度、诉讼代表人机制、委托公开征集权制度和纠纷调解制度、诉讼救济机制等相关制度。将有关制度由证券法规定的仅适用于上市公司扩大到适用于所有公众公司。与此相对应，非公众公司可回归人合性本质，尊重公司自治，赋予非公众公司股东充分的自主权。

（三）明确公众公司的类型及差异化监管安排

在非公众公司与公众公司这一分类方式的基础上，公众公司以股份公司为前提和基础，进一步明晰公众公司的不同类型，将公众公司分为上市公司、挂牌公司、非上市非挂牌公众公司（公众化股份公司），并匹配不同的法律规定和监管安排。

一是上市公司。上市公司即股票在证券交易所上市交易的公司。股份有限公司向不特定对象公开发行股票,并在发行完成后即时向证券交易所申请上市,公司上市后成为上市公司。上市公司的股票在证券交易所公开交易,其股份分散,公众性最强,中小投资者保护需求最为突出,理应实施最为严格的监管。

二是挂牌公司。挂牌公司是指股票在国务院批准的其他全国性证券交易场所交易的公司,即新三板挂牌公司。挂牌公司的公开交易使其公众性和公开性特征非常明显,因而也应严格规制挂牌公司,在信息披露和公司治理上作出相应的规定和监管安排。

三是公众化股份公司。公众化股份公司既非上市公司,也非挂牌公司,其因股东人数较多、具有较强的公众性而成为公众公司。根据我国目前的规定,将股东人数超过200人且不在公开的证券市场集中交易的股份公司确定为公众化股份公司。这类公司应当遵循公司法和证券法对公众公司的基本规定,并接受证券监管机构的监管。

三种类型的公众公司,在股份发行、股票交易的方式上有所区别,公众性和公开性程度也不尽相同。上市公司的公众化程度最高,挂牌公司的公众化程度次之,公众化股份公司的公众性相对较低。因此,在立法和实践中,不可能按照同样的标准加以规范,而应根据三种类型公众公司的特征作出差异化的规定和监管安排,以适应和引导我国公众公司的实践。

【制度探索】

公众公司的实践演进与立法回应

刘 斌*

摘 要：在我国，非上市公众公司作为证券监管实践的产物，是具有证券法意义的公司类型，其规制重心在于监管规范而非组织法规范。采用公开发行或公开交易作为公众公司的界定标准，其合理性基础在于证券法上的监管逻辑，而非组织法逻辑。基于公司法关于组织治理和证券监管的差异化需求，公众公司类型呈现公司法与证券法的分工协作关系。从公司法的角度出发，应当采用股份自由转让的规范标准作为区分标尺，设定封闭股份公司、公开股份公司、上市公司三种差序类型及相应的组织法规则；从证券法角度出发，可将公开发行与公开交易作为区分标尺，区分上市公司与非上市公众公司，在非上市公众公司中区分挂牌公司和非挂牌公众公司，并在相应层级的资本市场中设定相应的监管规则。从外延上，非上市公众公司属于公开股份公司的特别类型，可考虑纳入公司法中予以特别规定。

关键词：非上市公众公司 非公众股份公司 公开股份公司 证券法

我国现行公司法和 2019 年修订后的证券法均仅规定上市公司，并未规定公众公司这一公司类型。按照中国证券监督管理委员会《非上市公众公司监督管理办法》的规定，非上市公众公司是指："有下列情形之一且其股票未在证券交易所上市交易的股份有限公司：（一）股票向特定对象发行或者转

---

* 刘斌，中国政法大学民商经济法学院副教授、博士生导师。

让导致股东累计超过 200 人；（二）股票以公开方式向社会公众公开转让。"① 循此逻辑，我国的股份公司可划分为三种：上市公司、非上市公众公司、非公众股份公司，形成股份公司公众性的阶梯化序列。2019 年 5 月，全国人大法工委正式启动公司法修改工作，以进一步完善社会主义市场经济法律体系。那么，我国公司法是否应当引入法定的公众公司类型，并设定相应的公司治理规则呢？监管规章上的公众公司与作为封闭公司对应概念的公开公司概念有无区别？理论上所谓的公司公众性和公开性是何关系？公司类型的调整非为调整而调整，而须有进行调整的实质动因，前述问题均为公司类型变革的基础性疑问。② 由此观之，公众公司的规范地位已然成为公司法类型改革的最大撬点。对此，应当系统审视公众公司的公司法与证券法地位，以实现对公众公司的妥当规制。

一、公众公司的实践演进

现行《公司法》第一百二十条规定上市公司的概念，即股票在证券交易所上市交易的股份有限公司。据此，其他股份公司均为非上市股份公司。基于上市公司组织机构的特别规定，公司法上的股份公司实际上分化为非上市股份公司和上市股份公司两种。证券法作为规制证券发行和交易的基本法，也未涉及公众公司概念。从公众公司的概念发展来看，该范畴是我国证券监管实践而非立法者设定的产物。

早在 2005 年，中国证监会开始设立非上市公众公司监管办公室，负责场外交易市场中的股份发行和交易行为。2006 年，国务院办公厅发布《关于严厉打击非法发行股票和非法经营证券业务有关问题的通知》，其中明确要求"证监会要根据公司法和证券法有关规定，尽快研究制定有关公开发行股票但不在证券交易所上市的股份有限公司（以下简称非上市公众公司）管理规定，明确非上市公众公司设立和发行的条件、发行审核程序、登记托管及转让规则等，将非上市公众公司监管纳入法制轨道。"③ 2008 年，证监会非上市公众公司监

---

① 参见中国证券监督管理委员会《非上市公众公司监督管理办法》（2019 年 12 月 20 日修正），第二条。
② 参见刘斌. 公司类型的差序规制与重构要素 [J]. 当代法学，2021（2）：107。
③ 参见《国务院办公厅关于严厉打击非法发行股票和非法经营证券业务有关问题的通知》（国办发〔2006〕99 号）。

管部正式设立,其职责范围:"拟订股份有限公司公开发行不上市股票的规则、实施细则;审核股份有限公司公开发行不上市股票的申报材料并监管其发行活动;核准以公开募集方式设立股份有限公司的申请;拟订公开发行不上市股份有限公司的信息披露规则、实施细则并对信息披露情况进行监管;负责非法发行证券和非法证券经营活动的认定、查处及相关组织协调工作等。"① 其中,非上市公众公司指符合公开发行条件、但未在证券交易所上市交易的股份公司。由此可见,非上市公众公司的概念肇始于监管实践,所谓公众性的意涵即公开发行,并进一步根据是否上市区分为上市公司和非上市公众公司。

2012年,证监会发布《非上市公众公司监督管理办法》,首次从监管规章的层面界定非上市公众公司概念,将前述非上市公众公司范畴进行扩张,除公开发行未上市的股份公司之外,还纳入股票向特定对象发行或者转让导致股东累计超过200人、股票以公开方式向社会公众公开转让两种情形。由此,监管层面的公众公司可划分为上市公司、公开发行未上市公司、公开交易公司、股东人数超过200人的公司四类。其中,有学者将因各种原因导致的股东人数超200人的股份公司但未在场外市场交易的股份公司称为事实公众公司。② 截至2019年底,沪深两市上市公司共计3777家,包括主板、中小企业板、创业板和科创板,总市值59.29万亿元,居全球第二位;全国中小企业股份转让系统挂牌公司合计8953家,总市值2.94万亿元;34家区域性股权市场挂牌企业合计1.11万家股份公司。③ 其中,上市公司受到包括证券法、《上市公司治理准则》等规范的最强规制,非上市公众公司则适用中国证监会制定的《非上市公众公司监督管理办法》,包括公司治理、信息披露、股份转让、定向发行等特别规则。之所以区分非上市公众公司类型,是为规范非上市公众公司股票转让和发行行为,保护投资者合法权益,维护社会公共利益。④

由此可见,非上市公众公司概念是我国证券监管实践的产物,其规制重心也在于监管规范而非组织法规范,并非公司法上的演进产物。总之,我国法上

---

① 参见中国证券监督管理委员会网站,http://www.csrc.gov.cn/pub/zjhpublic,最后访问日期2021年3月23日。
② 参见陈颖健.事实公众公司制度研究[J].证券市场导报,2016(4):73。
③ 参见中国证券监督管理委员会.中国证券监督管理委员会年报(2019)[M].北京:中国财政经济出版社,2020。
④ 参见中国证券监督管理委员会《非上市公众公司监督管理办法》(2019年12月修改),第一条。

的公众公司具有股份性、公众性、公开性、严管性等特征，实质上是公开发行股票、公开交易股票或者股东人数规模达到公众性程度的股份公司。①

二、公众公司的公众性疑惑

追根溯源，基于公司的公开性进行类型划分的做法肇始于英国公司法，后成为英美法系公司法上的惯常分类方式。英国2006年公司法中明确将公司类型划分为Private Company 和 Public Company。对此，学界译法不一，多数学者将二者译为私人公司和公众公司。② 根据2006年英国公司法的规定，私人公司是指不是公众公司的任何公司，而公众公司则是指设立证明载明其为公众公司的公司类型，二者共同构成完整的公司类型的外延范畴。美国法上的 Close Corporation 和 Public Corporation，国内多分别译为封闭公司和公众公司。③ 虽然美国公司法和英国公司法上的前述概念有异曲同工之处，但两组概念范畴并不完全一致。在美国公司法上，不将封闭公司与公众公司作为逻辑性的对应概念。根据美国法律研究院的界定，封闭公司是指"公司化合伙"形式运行的公司，或者根据许可封闭公司这种公司组织形式的州公司法规设立的法定封闭公司，其另一个条件是其股权证券不在市场上交易；其所定义的公众公司与封闭公司不是非此即彼的关系，除二者之外还存在大量的第三类公司。④ 在日本公司法上，所谓公开公司则是指"转让取得其发行的全部或部分股份不受章程限制的股份公司"。⑤ 在公开公司之外，日本公司法第214条另行规定有"发行股票的公司"。令人费解的是，同样基于公司公开性所进行的公司类型划分，为何其差异如此巨大，其标准究竟为何？

（一）公司公开性差异的英国起源与演变

在英国1908年公司法中，英国议会在立法上首次创设私人公司类型。由于私人公司当时可以豁免该法中诸多的披露要求，要取得私人公司地位需要满足严格条件，包括不得公开发行股份、限制股份转让、股东人数在50人以内。

---

① 参见徐明．公司法应当赋予公众公司以重要地位［N］．金融时报，2021-04-12。
② 参见葛伟军．英国2006年公司法［M］．北京：法律出版社，2017；林少伟．现代公司法［M］．北京：中国法制出版社，2015。
③ 参见李建伟．公司法学［M］．北京：中国人民大学出版社，2018。
④ 参见美国法律研究院．公司治理原则：分析与建议（上）［M］．楼建波，等译．北京：法律出版社，2006。
⑤ 参见王作全．新订日本公司法典［M］．北京：北京大学出版社，2016。

伴随着英国 1980 年公司法的改革，前述条件被取消。这一改革有其特定的历史背景：《欧共体公司法第二指令》对公众公司规定复杂的资本形成和资本维持规则，对英国公司而言非常复杂烦琐。为此，英国立法机关删除前述判断要求，转而使用形式主义原则判断私人公司，即每个公司都是私人公司，除非其被登记为公众公司。由此，通过降低成为私人公司的成本来实现对欧共体指令的软化。

在英国 2006 年公司法上，前述立场得以延续，私人公司和公众公司的区别体现在：其一，私人公司没有最低注册资本要求，公众公司有最低 5 万英镑的资本要求（第 763 条）。由于我国法上对有限公司和股份公司均取消最低注册资本要求，这一区分标准对我国没有借鉴价值。其二，私人公司不能公开发行，也不能上市交易，公众公司可以公开发行（第 755 条）。但是，事实上大量的公众公司也不公开发行。此外，英国 2006 年公司法在以下方面区分两类该公司的规范设置：其一，私人公司不要求设置秘书，公众公司必须设置公司秘书，并且严格规定公共公司秘书的任职资格。其二，出资形式的规范差异，公众公司需要满足英国 2006 年公司法第 91 条、第 584~587 条、第 593~597 条等特别规则，主要是出资形式和评估作价等要求，私人公司则仅受到不实对价规则的规制。① 其三，资本维持规范的差异，在公司减资等涉及清偿能力事项上规制强度不同。其四，信息公开程度的差异，私人公司无须披露真实所有者。其五，股东大会的特别要求。

由此可见，通过是否允许公开发行的标准来区分公司公开性是缺乏公司法上意义的：私人公司固然无须关注公开发行的法律规范，公众公司进行公开发行的规则大部分规定于《2000 年金融服务与市场法（FSMA）》，而非公司法上。② 立法者之所以进行区分私人公司和公众公司，是因为公众公司在社会和经济方面的重要性，故而受到更为严格的监管。③ 特别是公众公司作为向社会大众筹集资本的公司，在出现破产清算时，对社会和整体经济容易造成负面

---

① 参见马德斯·安登斯，弗兰克·伍尔德里奇. 欧洲比较公司法 [M]. 汪丽丽，等译. 北京：法律出版社，2014。

② 参见 Paul Davies & Sarah Worthington. Gower and Davies' Principles of Modern Company Law [M]. Thomson Reuters, 2012。

③ 参见 Paul Davies & Sarah Worthington. Gower and Davies' Principles of Modern Company Law [M]. Thomson Reuters, 2012。

影响。①

在规范基准上,英国 2006 年公司法的立法重点在于占公司总量 95%以上的私人公司,并在此基础上设定适用于公众公司和上市公司的特别规则。在公司类型转换上,该法第七部分系统规定私人公司与公众公司之间的变更程序,其核心条件乃是公司的特殊决议,具有极强的自治性和灵活性。易言之,在英国公司法上,公司的封闭性与公众性的区分既不是公开发行和公开上市的标准,也不是自由转让的标准,公众公司也可以不公开融资,私人公司的股份也可以自由转让。

无独有偶,英国公司法上也存在对公众公司的术语歧义,对于公司律师而言,其讨论的私人公司和公众公司是公司法目的之下的产物;对于资本市场律师而言,形式上的公众公司并不足以成为公众公司,该公司还必须公开发行股份,或者在公开市场进行股份交易,更适宜称为公开交易公司。② 由此可见,公司的封闭与公开问题,既存在公司法上的定位,又存在证券法上的定位,二者有着不同的规范重心和价值旨趣:公司法上的公司公开性,其规范重心系于公司治理与资本制度;证券法上的公司公开性,其规范重心则在于信息披露、投资者保护等监管规则。

(二) 以公开发行作为公众性标准之检讨

在公司进行的各类行为中,以公开发行证券行为涉及公众性最强,其发行对象涉及社会公众投资者,对整个证券市场也会带来巨大的风险。根据我国 2019 年修订后的《证券法》第九条的规定,所谓公开发行是指向不特定对象发行证券、向特定对象发行证券累计超过 200 人以及其他发行行为。虽然《首次公开发行股票并上市管理办法》附则部分规定,首次公开发行股票不上市的管理办法由中国证监会另行规定,但并无相关实践。由此,我国股份公司的公开发行行为,也伴随着上市交易操作,一并体现公司的公众性。

上市公司固然是最具有公开性与公众性的公司类型,但证券法上对公开发行的规制策略与公司法上对上市公司治理需求显然并非同一问题。证券法上之所以设定严格的注册发行程序,是由于公众投资者需要借助证券法之保护。我

---

① 参见林少伟. 英国现代公司法 [M]. 北京:中国法制出版社,2015。
② 参见 Paul Davies & Sarah Worthington. Gower and Davies' Principles of Modern Company Law [M]. Thomson Reuters, 2012。

国证券法上对公开发行所设定的人数标准,并未能反映公开发行制度之实质需求。相比较而言,美国 1933 年证券法并未规定公开性标准,进而在判例法上形成判断标准。美国联邦最高法院在判例中认为,是否为公开发行,取决于具体类别的人是否需要证券法的保护,如果发行对象可以自我防范,交易就不涉及任何公开的发行。① 故而,如果发行对象需要证券法保护,其人数多少对公开发行的构成并无必然影响。在后续的墨菲案中,法院进一步从四个方面判断是否为公开发行:投资者人数是否明显过多、投资者是否成熟、发行规模和方式、发行人和投资者之间的关系等。② 由此可见,证券法上对公司公开融资行为的规制,完全系于保护投资者的立场,而非实现公司组织的有效治理,并不对组织法具有直接的影响力。与证券法上的公开融资规制相适应,美国法上公众公司的概念最早也是来源于证券法上。③ 相应地,美国法上的公众公司包括公开发行股份和公开交易股份的公司。④

在我国法上,由于发行对象人数被作为公司公众性的重要标准,股东超过 200 人的股份公司既凸显证券法上的规制必要,也凸显组织法上的规范特点。但是,应当充分认识到公司法规范与证券法规范的不同规范面向。从人数标准而言,这种过分简化的判断公募与私募的标准存在诸多模糊之处。例如,非上市公众公司的股东人数可能累积超过 200 人,其后续发行是否仍然为私募发行?《创新公司非公开发行可转换公司债券细则》第七条规定:可转换债券发行前,发行股东人数不超过 200 人,但没有规定债券的持有人数。虽然非公开发行可转换公司债也不应超过 200 人,但通过可转换公司债券,可能导致股东人数超过 200 人。由此可见,看似明确的公开发行与非公开发行,实际上也并非泾渭分明。当然,即使没有通过公开发行并上市而被归入上市公司之列,非上市公众公司仍然具有相当的公开性。

由于场内交易的范围明确,非上市公众公司与上市公司的界限分明,但是,非上市公众公司与非公众公司的界限则并不易划定。2019 年修订后的《非上市公众公司监督管理办法》第二条规定,股票公开转让的未上市公司即为非公众股份公司,包括在全国中小企业股份转让系统进行交易的挂牌公司和不挂

---

① 参见 SEC v. Ralston Purina Co., 346 U.S. 119 (1953)。
② 参见 SEC v. Murph, 2262 F. 2d 663 (9th Cir. 1980)。
③ 参见施天涛. 公司法论 [M]. 北京:法律出版社,2018。
④ 参见 Robert Hamilton, The law of corporations (6th edition), West, 2011。

牌公司。根据《关于加强非上市公众公司监管工作的指导意见》，不挂牌公司是指未在新三板市场挂牌的非上市公众公司，包括自愿纳入监管的历史遗留股东人数超过200人的股份公司，以及经中国证监会核准通过定向发行或转让导致股东累计超过200人的股份公司。① 除上市公司和非上市公众公司外，其他股份公司均为非公众股份公司。那么，非上市公众公司与非公众股份公司区分界限即在于何为公开转让。

（三）股份自由转让的规范标准与事实标准

与公开发行相关联，公开发行股份公司的股份通常也随之在公开市场进行交易，但并不必然，公开发行并上市后又私有化交易的公司也不鲜见。虽然理论上认为股份的自由流动性是公开公司与封闭公司区分的基本标志，但是所谓的股份自由流动并不容易界定。有以股份转让是否受限为区分标准的，如日本公司法。有论者以股份的公开转让作为区分标准，如前引汉密尔顿教授的观点。更不乏有论者一方面主张"股份转让受限制的公司，为封闭公司，股份转让自由的公司，为公开公司"，另一方面又主张"通常公开公司是指股份在证券市场上流通的公司，封闭公司为股份不在证券市场上流通的公司。"② 显然，前述两种分类标准并不统一，甚至是相矛盾的。我国股份公司的股份转让通常为自由转让，不受公司法和章程的限制，遵循自由转让标准，我国绝大多数股份公司属于公开公司。若遵循公开转让标准，在证券交易所和全国中小企业股份转让系统交易的股份公司数量为少数，则多数股份公司又属于封闭公司。其逻辑上的不周延，值得关注。事实上，区域性股权市场和新三板市场虽然存在公开程度差异，但同样都是公开市场，包括制度公开、监管公开、发行公开、挂牌公开、证券交易公开、信息披露公开等。③

若深入视之，组织法上的股份自由转让实际上隐含两种意涵：其一，在规范层面，股份转让是否受到公司法或章程的限制，如果未受到限制则为自由转让，可称为自由转让的规范标准；其二，在事实层面，尽管公司法或章程允许公司股份的自由转让，但是否现实地存在自由流动的股份交易市场更加关涉实质，可称为自由转让的事实标准。持事实标准的观点认为，区分公开公司与封闭公司时除考虑股东人数的因素之外，更应注重公司股票是否有一个活跃而确

---

① 参见《关于加强非上市公众公司监管工作的指导意见》（中国证监会〔2015〕13号）。
② 参见崔竣璿. 韩国公司法 [M]. 王延川, 崔娥燕, 译. 北京：中国政法大学出版社, 2020.
③ 参见徐明. 新三板理论与实践 [M]. 北京：中国金融出版社, 2021.

定的交易市场（Active Established Market），从而投资者是否可以方便地进出公司。① 所以，公开公司与封闭公司的区分标尺究竟是规范上的应然状态，抑或事实上的实然状态，即成为两种观点的分野。

　　日本公司法显然采取自由转让的规范标准。公司章程没有限制公司发行的全部或部分股份对外转让的公司均属于公开公司；只要其股份转让不受限制，该公司就是公开公司，与是否在证券交易所上市没有任何关系。② 公开公司以外的股份公司，取得该公司的股份需要得到公司的承认，彰显股东人数不多的固定股东之鲜明个性。③ 在机构设置上，日本法上的公开公司有义务设置董事会，设董事会公司必须设置监察委员会、提名委员会等，或者设置监事机关。非公开公司则是股份转让受到公司章程限制的公司，因其规模大小分别适用相应的公司机构设置规范：非公开的大型公司无义务必设董事会，但具有设置会计监察人的义务；非公开的中小型公司基本上是任意的。④

　　在美国法上，理论上对公众公司的界定多采事实标准，例如前述美国法律研究院的分类。特拉华州公司法上设有法定封闭公司，是指股东人数少于30人、股份不能公开发行、股份转让设定限制的公司类型。但是，并非封闭公司之外的公司都属于公众公司，二者之间存在中间型公司，二者的界限是模糊的。故而，美国法上公众公司建立在其自身属性之上，而无法通过封闭公司的概念来实现界定。与之相类似，有欧洲学者根据资本市场融资与否，将股份公司区分为在资本市场不自行融资的股份有限公司和在资本市场自行融资的股份有限公司。⑤ 也有日本学者认为，股份公司的公开与非公开应当以是否在证券市场上交易作为基准。⑥

　　虽然两种标准各有其合理性，公司法上的规范建构也应当考量复杂多变的实践状况。在我国多层次资本市场的建设中，主板市场和二板市场等固然有着较好的流动性，但新三板、区域性股权交易市场的流动性并不一致，甚至长期处于缺乏流动性的状态。特别是，我国非挂牌公众公司的股份托管和转让仍然

---

① 参见黄辉. 现代公司法比较研究——国际经验及对中国的启示 [M]. 北京：清华大学出版社，2011。
② 参见进藤光男. 最新日本公司法 [M]. 北京：法律出版社，2016。
③ 参见山本为三郎. 日本公司法精解 [M]. 北京：法律出版社，2015。
④ 参见进藤光男. 最新日本公司法 [M]. 北京：法律出版社，2016。
⑤ 参见斯蒂芬·格伦德曼. 欧盟公司法（上册）[M]. 周万里，译. 北京：法律出版社，2017。
⑥ 参见上村达男. 公司法改革：公开股份公司法的构想 [M]. 北京：法律出版社，2015。

处于非常复杂的状态。根据 2012 年中国证监会在《关于未上市股份有限公司股票托管问题的意见》的规定，未上市公司股份托管问题，成因复杂，涉及面广，清理规范工作应主要由地方政府负责。① 根据证监会《关于加强非上市公众公司监管工作的指导意见》，非挂牌公众公司应当选择在中国证券登记结算公司、证券公司或者符合规定的区域性股权市场或托管机构登记托管股份。然而，在实践中，大量的非挂牌公众公司并未在地方股权交易中心办理股份托管，市场监督部门也因非属于工商登记事项不予登记管理，由此造成所谓的公开转让实属处于窘境，难堪其谓。在非公众股份公司和非挂牌股份公司的股份转让公开性和自由性难以厘定差异的情况下，更勿论在组织法上的差别对待。除通过设定标准模式基础上的自治兼容之外，公司法上并无更优的立法技术，难以设定满足各类公众公司需求的差异化组织类型。相反，由于多层次资本市场的分层监管，区分对待的任务在证券监管上却易于实现。

三、公众性的公司法与证券法区分

公司法与证券法作为密切相关的部门法，在诸多问题上联袂共治，但两者之间的关系却难以明晰。正是公众公司既与股份的自由转让相关，也与公开融资密切相关，才导致公众性的疑惑。同时将股份的自由转让、复杂的管理制度、少数股东保护、资本形成与资本维持管制、对股东与公司的强制信息披露、财务审计的严格要求等一体作为公众公司的特征，必然会导致公众公司范畴的漂移不定。② 在前述元素中，部分元素是公众公司的构成性特征，部分元素是构成公众公司后的规范供给。对于公司的公开性问题，公司法上关注的是由于所有权与管理权的分离而产生的公司治理要求，以公司股份的自由转让为基础；证券法上关注的则是对作为投资者的股东所施加的保护，以事实上的公开融资为其基础。笔者认为，由于"公开""公众"两词的语义差异，可以将股份自由转让的股份公司界定为公开公司，将涉及公众投资者的公开发行或公开交易之股份公司界定为公众公司，并区分两个概念的内涵与外延。公开公司不但包括公众股份公司，还包括允许股份自由转让的其他非公众股份公司。

公开股份公司与公众股份公司的区分，也表征公司法与证券法的制度差异

---

① 参见中国证监会在《关于未上市股份有限公司股票托管问题的意见》（证券市场字〔2001〕5号）。
② 参见阿德里安·德瑞斯丹. 欧洲公司法 [M]. 北京：法律出版社，2013。

和分工：公司法作为组织法，制度重心在于所有权与管理权的现实基础与权利分配，以解决公司法上的代理成本问题；证券法作为监管法，制度重心在于实现多层次资本市场的有序监管，解决投资者保护的问题。由此，充分认识公司法与证券法的差异与分工，有助于对公司类型的深入认识。

由于美国州公司法与联邦证券法的双层机制，美国学者对于公司法与证券法关系的研究较为丰富，可归为以下四种观点。

其一，有学者认为证券法实际上是联邦层面的公司法，其可以直接介入公司治理。① 这种论点与证券法对公司治理的巨大促进作用密切相关。有学者指出，联邦证券法和证券欺诈集团诉讼的事实已经成为规制公司治理的最显而易见的方式。② 特别是 2010 年通过的《多德—弗兰克法案》，虽然被视为传统的证券规范，但其中包含一些公司治理规则，被视为联邦证券法介入公司治理的新表现。③ 由于我国是单一制国家，公司法与证券法均属于国家立法，该种区分在我国不具有实质价值。

其二，有学者认为公司法规范公司管理的内部事务，而证券法则规范公司的外部事务。④ 但是，公司内部事务与外部事务的划分并非易事，其边界难以确定。公司法上的财务资助、对外担保等规则均涉及外部事宜，而证券法上的公开发行、信息披露等规则也不可避免地涉及董事义务等组织内部问题。

其三，有学者认为联邦证券法以信息披露为监管手段，不应当涉足实体规制层面。⑤ 现代证券法以信息披露哲学为基础，证券监管也主要以信息披露为手段，但单纯以信息披露来区分公司法与证券法，至少存在以下问题：（1）信息披露并非证券法上的原创，证券法上的信息披露制度源起于英国公司法。从规范现状来看，公司法上也存在信息公开的需求，例如公司登记的诸多事项。（2）现代证券监管规则也超出信息披露的范围，并不局限于信息披露监管。比

---

① 参见 Lucian A. Bebchuk & Assaf Hamdani, Federal Corporate Law: Lessons From History, 106 COL-UM. L. REV. 1793, 1813 (2006)。

② 参见 Robert B. Thompson & Hillary A. Sale, Securities Fraud as Corporate Governance: Reflections Upon Federalism, 56 VAND. L. REV. 859, 860 (2003)。

③ 参见 James J. Park, "Reassessing the Distinction Between Corporate and Securities Law", UCLA L. Review, Vol. 64, Nm. 1 (2017), at 130。

④ 参见 William W. Bratton & Joseph A. McCahery, The Equilibrium Content of Corporate Federalism, 41 WAKE FOREST L. REV. 619, 620 (2006)。

⑤ 参见 Stephen M. Bainbridge, The Short Life and Resurrection of SEC Rule 19c-4, 69 WASH. U. L. Q. 565, 618-19 (1991)。

如，我国《证券法》第五十五条规定的多种操纵市场行为，已经进入实体规制层面。进一步而言，证券法上的信息披露制度作为管道也承载实质性的公司法规范，通过信息披露确保良善的公司治理成为约束公司行为的重要方式。

其四，有学者认为公司保护的投资者系公司所有者，证券法保护的投资者是交易者，二者存在价值差异：基于公司所有者的异质性和多样性，公司法规范是灵活多样的；基于交易投资者在价格上的同质性，证券法是强制性的、统一性的。① 这种区分是非常具有启发性的，反映出公司法和证券法对公司规则的差异化需求：证券法是保护交易者的法律，故需要统一规制发行与交易行为；公司法是保护所有者的法律，注重公司治理、信义义务、并购规制等内容。在我国法上，除公司法对上市公司设定特别的机构设置要求之外，包括挂牌公司和非挂牌公众公司等非上市公众公司在公司法上均无特别规制，而是依赖于证券法规则。

除分工的一面，公司法与证券法也存在协同的一面，公司法上的公司类型应当为证券法预留管道。否则，证券法上所设定的诸多公司治理准则等规范将失去其组织法基础。比如，在组织机构设置上，公司法可以对上市公司和封闭股份公司之间的公司类型设定自治化的选择空间，证券法则可以对多层次资本市场分别作出更为差异化的公司治理标准要求，以避免过分加大公司的监管负担。例如，如果将所有非挂牌公司统一到非上市公众公司的监管序列，设定统一的监管要求，显然是对多元化公司实践的僵化处理。因此，以股份的自由转让为标准建构公开公司的自治空间，通过多层次资本市场实现分层监管，是对公众公司进行合理规制的理想路径。

值得注意的是，在区分公司法与证券法的实质差异之后，在规范形式上未必将二者完全隔离，在公司法中同样可以纳入证券法规则，而证券法中也可以包括公司法规则。比如，体现在证券法中的表决权征集，实质上与公司内部治理的关联更强烈，其性质上属于公司法规则。该问题纯属立法技术问题，并不关涉立法者的价值判断。

四、公众公司的立法回应

基于公司法与证券法的基本差异，公司的公众性是证券法上的关注重心，

---

① 参见 James J. Park, Reassessing the Distinction Between Corporate and Securities Law, UCLA L. Review, Vol. 64, Nm. 1 (2017), pp. 116-182。

公司法上应当着力于公司的公开性及其规范供给。基于股份自由转让的公开公司，其所有权与管理权的关系模式应当设定为分离模式；股份非自由转让的封闭公司，则可以更多依赖股东参与治理，其基本模式为所有权与管理权的混合模式。由此，公司法上应当设定的公司类型应当为公开股份公司而非公众股份公司，公开股份公司的唯一标准即为股份的自由转让不受法律或章程限制。如果在公司法中纳入公众公司类型，其制度核心也是明确公众公司的证券法规则而非公司规则，其实质是证券法向公司法的遁入。

在公司法上，无论挂牌公司或非挂牌公众公司，其在公司治理结构上均是基于两权分离的一般范式。在组织机构上，我国上市公司的治理机构既有单层制下的专门委员会，也有双层模式下的监事会，更有独立董事制度加持。《非上市公众公司监督管理办法》则要求建立兼顾公司特点和公司治理机制基本要求的股东大会、董事会、监事会制度，明晰职责和议事规则。由此可见，非上市公众公司仅设定股东大会、董事会、监事会的要求，存在着与上市公司不同的规制强度。

当前上市公司的组织机构设置，监事会、独立董事、专门委员会等设置同时并存。该种叠床架屋的结构设置方式是否适用于公开股份公司，值得进一步研究。实证研究结果表明，监事会有利于抑制公司的盈余管理行为，提高公司股票的价值相关性，总体上中国上市公司监事会发挥着积极的财务监督作用。[①] 同时，独立董事作为公司治理的重要组成部分，可以独立存在，单独发挥作用；独立董事和监事会，在公司治理中可以并存，相互促进。[②] 由此，实证研究结论并不支持上市公司废除监事会制度。对于公开股份公司，鉴于规制需求降低，应当在上市公司完备的治理机构上做减法。现行公司法仅要求其设置监事会作为监督机构，而未做独立董事的设置要求。考虑到独立董事与监事会同属监督机制，如果维持现有的法律规制强度，可考虑允许公开股份公司自主选择独立董事或监事会，并不会降低监督机制的强度。

总之，在公司治理等公司法规则层面，公众公司应当回归其公开股份公司的规范基础。当然，在股份公司选择进行公开交易或者上市的时候，应当满足证券法律上公众公司或上市公司的治理架构要求。证券法与公司法存在差异化

---

① 参见冉光圭等.中国公司的监事会真的无效吗[J].经济学家，2015（1）：75。
② 参见陈祥义.中国上市公司监事会与公司业绩的关系研究[D].北京：中国社会科学院博士学位论文，2020。

的分工，公司法上的公司治理规则并不必然与证券法层面的规制规范保持同一，相反，二者有着不同的规范功能和使命。但是，在公开公司的机构设置、职权划分等方面，应当为公众公司的监管规范预留管道。

五、结论

从公司类型改革的角度出发，公司法应当坚守组织法初心，监管规则不应当成为公司类型设置的实质基础。具体而言，应当采用股份自由转让的规范标准作为区分标尺，设定封闭股份公司、公开股份公司、上市公司三种差序类型及相应的组织法规则。从外延上，非上市公众公司属于公开股份公司的特别类型，可考虑纳入公司法中予以特别规定。从证券法的角度出发，可基于公开发行与公开交易的事实标准作为区分标尺，区分上市公司与非上市公众公司，在非上市公众公司中区分挂牌公司和非挂牌公众公司，并在相应层级的资本市场中设定相应的监管规则。由此，实现公司法与证券法上对公司类型的差异对待与协同规制。

我国公司类型的改革

——公众公司的引入

伍 坚 王 娜[*]

摘 要：诸多实践证明，我国公司法上公司类型的二元划分存在区分度低、与实践脱节等缺陷，进而造成公司规范条文设置的不合理等问题，对公司治理和证券监管造成障碍，无法适应社会现实需求。在借鉴域外经验的基础上，立足我国现实国情，新一轮公司法修订应做好顶层设计，适时调整公司类型，引入公众公司。以股份能否公开交易为核心明确公众公司的认定标准，并在此基础上设计公众公司的法律规范体系，建立完善的公众公司制度，整合并完善现有相关规则，以期实现商业实践和立法的良性互动。

关键词：公司类型 公众公司 公司法修订 公司组织形态

我国公司法延续大陆法系国家公司法传统，将公司划分为有限责任公司与股份有限公司，此种二元划分既不能适应商业经营的现实需求，又在条文规范设置上存在较多的不合理性。因此，在公司法修订过程中，适时对公司类型设置及相应的规则设计进行改革在学界基本形成共识。然而具体采用何种改革方案具有较大的争议，这是由于公司类型设置对于整个公司法制度牵一发而动全身，存在巨大的社会溢出效应。因此，改革虽势在必行，但也不得不慎重考量多方因素以寻求最佳路径。从域外经验来看，英美法系国家将公司按照实质性标准划分为封闭公司和公众公司存在极强的参照价值，且在我国具有一定的实践基础。本文从我国公司类型的现实问题入手，探索引入公众公司的路径、合

---

[*] 伍坚，华东政法大学经济法学院教授；王娜，华东政法大学2019级经济法学硕士研究生。

理确定公众公司的认定标准并明确其法律定位等。

一、问题的提出

公司类型的设置是对不同公司课以相应的治理规则和监管要求,进行区别对待并进而实现公司相关主体的利益平衡的起点,是公司法上的重要命题。对此,大陆法系和英美法系存在不同的分类标准。英美法系国家通常以是否具有涉众性及股份转让是否自由将公司分为私人公司与公众公司,大陆法系国家传统上将公司分为股份有限公司与有限责任公司,近年来,大陆法系国家的改革也体现出对封闭性和公众性理念的吸收。我国 1993 年公司法采用大陆法系分类模式,并在公司法条文上采用先有限责任公司后股份有限公司的结构。此后,对于公司类型改革虽为热议话题,但在公司法的多轮修改中,却变化不大,仅在有限责任公司中为一人有限公司及国有公司设置特别规定。但事实上,公司的二元分类已不能适应现实需求,对于公司规则设计和监管造成障碍。

(一) 制度设想与实践的偏离

我国公司法将公司划分为有限责任公司与股份有限公司,有限责任公司为 50 人以下的股东发起设立,股东通常不能自由对外转让股权,而股份有限公司发起人为 2 人以上、200 人以下,可以采用发起设立,也可以采用募集设立的公司。从公司法文义来看,有限责任公司与股份有限公司的区别主要体现在股东人数上。在公司治理机构上,两种公司呈现类同性。

从公司产生发展的历史看,公司产生于商业实践,法人制度和有限责任是公司的基石,股份有限公司首先诞生,而有限责任公司则首先源于立法的创造,是对股份有限公司进行改造以满足中小投资者的客观需要,是立法者的"桌上创造物"。从立法对两者的定位看,股份有限公司定位为规模较大,股东人数多,股份可以自由流转的公司;而有限责任公司则通常为规模较小,股东人数较少,股权转让受到严格限制的公司。从设立方式看,有限责任公司仅能通过发起设立,而股份有限公司则可以通过发起设立或募集设立。

但我国公司的发展客观实践与立法初衷产生背离,不同公司之间的界限模糊。具体而言，由于公开募集设立股份有限公司的路径在我国事实上存在障碍①，而发起设立的股份有限公司在设立之初，与有限责任公司在股东人数、公司规模上不具有实质性差别。而真正具备立法对股份有限公司特征构想的具有公开性的上市公司则仅占股份有限公司的一小部分。另外，有限责任公司的股东人数不得超过50人，实践中基于公司自治的需求，一些有限责任公司通过向内部职工筹资来实现资本扩张，并采取变通的方式，由公司工会或统一持股会来持有股份，从而避免有限责任公司的股东人数上限。从公司资产规模上看，由于股东身份的不同，有限责任公司的规模差别较大，部分资产规模较大的国企以有限责任公司的形式存在。小规模的股份公司与大规模的有限公司产生重合，公司类型区分度低，呈现趋同。

（二）公司法规范的问题

基于上述立法设想，有限责任公司与股份有限公司在公司运作机制、治理结构以及监管的要求均有不同。有限责任公司多设置任意性规范，而股份有限公司的强制性规范更多。但由于股份有限公司与有限责任公司的实质差别小，当公司的实际运作与制度设想产生较大背离，从而限制公司制度功能发挥。条文设置上，我国公司法没有严格区分有限责任公司与股份有限公司的规范适用，区分度严重不足，或者在有区分的地方颇不合理。②如规模较小的有限责任公司可以不设董事会和监事会，而只设一名执行董事、一至两名监事，但股份有限公司则必须设立完备的董事会、监事会，公司运行的成本产生差异，而真正在制度设计上与这两类公司有着巨大差别的是有关上市公司的规定。③

现行公司法统一调整有限责任公司与股份有限公司，采用统一立法模式，在内部结构上，以有限责任公司为基础规范，置于公司法前半部，股份有限公司准用有限公司规定，置于后半部。④这与其他国家公司法以对股份有限公司为规范重点，针对有限责任公司设置特殊规则有所区别。这一现状与1993年公司法制定的特殊背景有关，在当时公司法需为国企改制后的有限公司服务。在此背景下建立起来的公司法以有限公司为出发点，后为股份公司增设强制性

---

① 公司法第七十七条虽明确规定股份有限公司可以募集设立，根据中国证券会《首次公开发行股票并上市管理办法》第九条，发行人自股份有限公司成立后，持续经营时间应当在三年以上，但经国务院批准的除外。因此，实践中公开募集设立股份有限公司的路径存在障碍。
② 参见李建伟. 公司组织形态重构与公司法结构性改革 [J]. 财经法学，2015 (5)。
③ 参见王建文. 论我国公司类型的重构 [J]. 山西大学学报（哲学社会科学版），2021 (7)。
④ 参见王晓慧. 我国公司组织类型的变革与重构 [J]. 时代法学，2020 (10)。

规范。但公司法规范设置上存在共有性规范和专有性规范区分失当的结构性问题，在适用过程中，存在规范重复设置的问题及股份公司无相关规定时是否可以准用有限公司相关规定的问题。

(三) 证券监管的问题

证券监管的目标是保护投资者并维护证券市场的秩序，监管的强弱程度应与目标公司的公众性程度结合在一起。目前的证券监管规范主要针对上市公司，表现为证券法及相关规章制度。但股份的公开发行与上市交易是两个不同的概念，应明确，具有公众性的公司的外延大于上市公司，这导致实践中存在监管的盲区，大量公众性的公司处于监管之外。

因此，2013年起正式实施的《非上市公众公司监督管理办法》，从部门规章上确立非上市公众公司的法律地位，之后《非上市公众公司信息披露管理办法》也相继出台，可以说非上市公众公司这一概念是证券监管实践的产物，并非公司法意义上的组织类型。但部门规章层级低，在缺乏公司法上的上位法概念的情况下，难免不尽周延，无法实现规范的体系性。

值得注意的是，上述问题具有复杂性和联动性，并非简单进行公司类型的改革即可直接解决，改革应包括公司内部结构层面和外部形态层面，本文仅从公司类型改革的角度予以研究和探讨。

二、比较法上的经验与借鉴方案

制度设计应为现实需求提供便利，当法律制度供给与商业实践产生偏离时，需适时对法律进行一定修改，以适应社会现实。上述问题并非我国独有，有限责任公司与股份有限公司实质性区分度低的问题在大陆法系国家都不同程度存在。对此，各国也尝试做了有益探索，形成不同的改革路径。面对中国化的问题，在借鉴域外经验的基础上，我国公司法学界提出不同的解决方案。梳理不同的改革思路与方案，将为我们提供有益参考。

(一) 域外改革经验

1. 日本

日本最早的公司形态分为无限公司、两合公司、股份有限公司及有限责任公司，通过1938年《有限责任公司法》确立的有限责任公司是立法上的重要分类。但实践中大量的股份公司为非公开公司，与立法初衷相背离。为解决这一问题，日本经历两轮改革，1990年商法典修订试图通过大幅度提升股份公司注册资本门槛解决让中小企业选择有限公司的形式，但由于股份有限公司在税收等方面的优势，这一改革收效甚微。之后日本于 2005 年通过《公司法典》，采用相反的思路，对原有的公司法规范进行整合，其中最重要的改革举措是废止有限责任公司，新设合同公司形式，并在股份有限公司内部进行类型化区分，以股份是否可以自由转让为标准区分为股份转让受限公司与公众公司。日本对有限责任公司废止不具有溯及力，同时有限责任公司制度的内容在不公开股份公司制度中得到很大程度保留。故有学者认为，与其说日本公司法废止有限责任公司，倒不如说其实现股份公司名称单一化下公司形态选择的多样性，同时造就有限责任公司新生。[①]

2. 我国台湾地区

我国台湾地区"公司法"也采用两分法分为有限责任公司与股份有限公司，公司法学界曾多次出现关于有限责任公司存废的争论。主张废除有限责任公司的理由主要包括：其一，有限责任遭公司控股股东滥用，损害债权人利益，公司法人人格否认案件通常出现在有限责任公司中；其二，学界倾向于主张在股份有限公司中确立"闭锁性股份有限公司"的形式，为避免其与有限责任公司的重合，有限责任公司是否有必要继续存废引发争议。然而，由于有限责任公司数量巨大，且虽然理论上闭锁性股份有限公司可以通过股东协议排除公司法相关规定的适用，但对公司股东在协议内容设计的能力要求过高，不具有现实性，故我国台湾地区"公司法"对有限责任公司予以保留。

3. 德国

有限责任公司最早在德国公司法予以确立，后在欧盟成员国之间的公司法竞争中，由于德国公司法上严格的资本制度原则，大量的德国资本转而去资本要求更灵活的英国去设立公司，为德国当局所不乐见。为扭转此种局面，德国法上进行公司类型的重大改革，2008 年的《有限责任公司法改革及防止滥用法》正式确立经营者有限公司这种形式，放弃对注册资本的要求，吸引中小投资者采用德国公司形式，并取得明显的效果。所谓经营者公司，是有限责任公司的特殊形式，其放弃对最低注册资本的要求。同时，由于注册资本要求的降低，配套一定的债权人保护规定，如经营者公司必须在名称中予以明确，并适用法律表象理论来保护公司债权人。

---

① 参见刘沛佩. 非上市公众公司：定位、立法改革与转板机制 [J]. 南方金融，2014 (11)。

(二) 我国改革思路

结合我国的现实国情,在借鉴域外经验的基础上,对我国公司类型进行一定的改良或改革,学者提出各种解决方案,主要有以下几种思路。

1. 废止有限责任公司

我国有限责任公司与股份有限公司的共性大于个性,有学者主张直接废止有限责任公司,推动公司组织形式的统一化与弹性化。将原有限公司纳入股份公司中的非上市公司,在此基础上,将股份有限公司的发起人数量降低至1人。借鉴日本经验,将现存的有限责任公司视为特例公司,依然适用有限责任公司制度。① 但基于我国有限责任公司数量巨大,直接废止影响较大,也有学者认为日本公司法改革低估有限公司存在的必要性②,其实际效果有待实践检验,有限责任公司不宜直接废止。

2. 有限公司与股份公司的再界定

持此种观点的学者认为可以维持既有的有限公司和股份公司的独立类型,但需对现有股份有限公司和有限责任公司的外延予以重新划定。主要观点有以下几种:其一,将目前的股份有限公司内部细分为非公众股份有限公司、公众公司及上市公司,不应将非上市非公众股份公司划归到有限责任公司,正视非上市非公众性股份公司公众性的一面,在公司法上设置非公众股份有限公司类型,并为其设计转让场所与转让规则;③ 其二,将股份公司定位于公开公司,在外延上包括现行法上的上市公司和募集设立的公司,将现行法上发起设立的股份公司归入有限公司制度调整④,在股份公司和有限公司区分的基础上对股份公司作出闭锁性和公开性的区分改革,使股份有限公司仅具有公开公司的特征,不再涵盖发起设立的公司;⑤ 其三,主张以股份可否自由转让作为区分有限责任公司与股份有限公司的标准,重新划定两类公司范围。⑥

---

① 参见刘俊海.推动公司法现代化,优化营商法律环境[J].法律适用,2020(1)。
② 参见李建伟.公司组织形态重构与公司法结构性改革[J].财经法学,2015(5)。
③ 参见刘迎霜.我国公司类型改革探讨——以非公众股份有限公司为视角[J].广东社会科学,2014(1)。
④ 参见王保树.公司法律形态结构改革的走向[J].中国法学,2012(1)。
⑤ 参见王延川,董国彦.公司类型的趋同性与结构性改革[J].上海政法学院学报(法治论坛),2021(2)。
⑥ 参见刘丹妮,雷兴虎.有限责任公司的存与废——比较法视野下的有限责任公司制度改革[J].上海政法学院学报(法治论丛),2021(3)。

3. 以封闭性与公众性重构公司形态

基于域外公司法的立法经验和我国目前的实践，这一思路主张应以封闭性与公众性作为区分标准重构公司形态，立法直接采用封闭公司（或非公众公司）与公众公司的概念。① 并在此区分的基础上，修改完善相应的公司法制度，作出针对性安排。当然，这一思路可能产生的问题是对我国公司立法惯性的破坏及改革成本增加。

4. 上市公司与闭锁性公司的划分

鉴于上市公司的独特地位及法律规范的体系化，有学者主张以上市与否作为公司类型化的标准，以闭锁性公司的概念统一非上市公司，在闭锁性公司内部再区分立法，解决大小公司的立法问题。② 这一改革方案认识到上市公司与其他公司的本质区别，试图通过划分为闭锁性公司与上市公司解决现有问题，但忽视上市公司与闭锁性公司划分其实并不周延，实践中存在大量的虽未上市但仍具公众性的公司，对于此类公司不应适用与闭锁性公司同样的规则。

5. 增设新的公司类型

20世纪70年代，美国创设出兼具公司有限责任制度和法人人格，以及合伙企业的单层课税的美式有限责任公司制度（LLC），并赋予公司高程度的灵活自治权，这种企业形式在促进企业发展和经济繁荣上起到重要作用。随后，被日本和韩国公司法引进并加以本土化改造，日本称为合同公司。有学者主张，在我国公司法中，应积极引入LLC，从而丰富我国商事企业的制度设计。③ 诚然，增设公司类型可以方便投资者灵活选择，体现公司类型区分，但却对解决非上市公众公司的治理和监管问题无益。

（三）争议与共识

公司类型划分的基础是公司代理理论，即需要对公司类型化来解决股东与经营者之间的冲突、控股股东与小股东之间的冲突及公司自身与债权人利益之间的冲突三大代理问题。公众性公司因为两权分离程度更高，代理成本高，因此需要国家对中小投资者特别保护，强制信息披露，实行强监管，而封闭公司的所有者通常会直接参与公司经营，所有权与经营权重合，两者在代理成本上

---

① 参见王建文．论我国公司类型的重构［J］．山西大学学报（哲学社会科学版），2021（7）。
② 参见张辉．中国公司法制结构性改革之公司类型化思考［J］．社会科学，2012（9）。
③ 参见赵威．我国移植LLC的可行性探讨［J］．法学杂志，2016；崔文玉，赵万一．美国LLC制度及其对中国公司法变革的启示［J］．现代法学，2013（1）。

存在着明显的差异。设置不同类型的公司供投资者选择,提高不同公司的区分度,进而适用相互区别的规则,是公司法的通识。

作为与英美法系封闭公司与公众公司相对应的概念,大陆法系传统的二元划分不具有与其相同的内涵。有限责任公司与股份公司的划分虽非无意义,但却没有体现出本质特征,一言以蔽之,封闭公司与公众公司的划分是实质的、动态的,而有限责任公司与股份有限公司的划分是形式的、静态的。尽管目前对于公司类型的改革方案有不同的方案,这些争议有的流于形式,有的关注法律制度惯性及改革成本;有的主张彻底性变革,有的则倾向于小修小补。但不难看出,改革的目标是实现不同公司类型的实质区分,注重公司的封闭性与公众性改造在一定程度上可以达成共识。这不但是世界主流的分类标准,更是我国基于实践的产物。公众公司的规范地位已然成为公司法类型改革的最大撬点。[①] 因此,公众公司与封闭公司的划分具有实质价值,公众公司需要在公司法上予以明确,其概念内涵和外延的确立具有重要意义。

三、公众公司的入法路径

公众公司与封闭公司的划分标准对我国来说虽为舶来物,但这一划分具有的灵活性、实质性优点已为实践检验。在我国,经过多年的理论发展和监管实践,具备引入公众公司的基础。在公司法上明确公众公司地位,具有必要性和现实性。

(一)公众公司的内涵与意义

公众公司的概念源于英美法系,但其内涵却不存在统一的标准,通常以公开发行或公开交易作为公众公司的认定标准。英国最早提出公众公司与私人公司的区分,并规定私人公司的要件,即同时满足:(1)限制股份的流转;(2)除公司雇员之外的公司成员不得超过50人;(3)禁止向公众发出股份或者债券要约这三个条件的为私人公司,否则为公众公司。根据2006年英国公司法的规定,公众公司主要是指在公司章程中载明是公众公司,更多取决于公司的意思表示。我国香港地区采取与此相似的立法模式。

美国法上的公众公司,又称"报告公司",是指需履行公开信息披露义务的公司,立法上公众公司的外延经历一个逐渐扩大的过程,1934年证券交易法仅认定在全国性的证券交易所上市的公司为公众公司,后为保护场外市场投资

---

① 参见刘斌. 公众公司的公司法定位再审视 [J]. 法学杂志,2021 (7)。

者，1935年该法修改将公开发行，但却未在证券交易所上市交易的公司一并纳入公众公司并监管，1964年美国证券交易法，加入12（g）条，确立事实公众公司制度。该条要求，同时符合下列两项条件的发行人应注册其证券：在会计年度的首日（1）资产超过1000万元；（2）其同一证券的在册股东达到或超过500人。由此，美国法上公众公司有以下三类：（1）从事公开发行的公司；（2）股票在国家证券交易所上市交易的公司；（3）在会计年度资产超过1000万美元，且在册股东人数达到500人以上的公司。美国模式相对于英国模式，更加强调对非上市公众公司中公众投资者的保护，①而英国模式对非上市公众公司监管较为薄弱。

资和性、公开性是公众公司最大的特征，公众性标准更能反映不同公司的特征，由于不同公司存在的经济结构差异，公众公司在筹集资金上更具优势，并进而走向资本市场，公司知名度和形象也可大大提高或改善，公众公司是历史发展的必然产物，其迅速发展对于多层次资本市场的繁荣起到推动作用。

（二）公众公司的入法逻辑

我国公司法上虽无对公众公司的明确定义，但在公司发展过程中，已出现实质性的公众公司，且经历一定的发展，逐渐成熟。自20世纪90年代初国有企业改制开始，就出现大量股东群体庞大的"定向募集公司"。2006年证券法修改后，股东人数超过200人或采取广告、公开劝诱等形式公开发行股份的公司被认定具有公众属性。②在我国法律体系下，从持续披露信息的角度，也存在与英美法系类似的公众公司制度。③伴随着我国多层次资本市场飞速发展，在我国资本市场的实践形成以上市公司及非上市公众公司为主的公众公司群体，股东人数具有一定规模的公众化的股份公司数量巨大。

公众公司的出现首先是源于监管的实践，在我国，公众公司是实践监管的产物。由于立法和实践中有限责任公司和股份有限公司之间的模糊，作为闭锁性公司与上市公司之间的临界状态，非上市公众公司进入监管者的视野。中国证监会于2008年设立非上市公众公司监管部，随后出台《非上市公众公司监督管理办法》《非上市公众公司信息披露管理办法》对其进行规范，即监管的

---

① 参见陈颖健.事实公众公司制度研究［J］.证券市场导报，2016（4）。
② 参见傅穹，关璐.非上市公众公司的制度价值与规则探讨［J］.上海财经大学学报，2013（1）。
③ 参见杨喆，汪敏达.非上市公众公司监管制度：现状、问题及展望［J］.证券市场导报，2016（3）。

逻辑起点不仅局限与证券法上的"公开发行",而逐步扩大为公众公司的概念。目前,在对非上市公众公司的监管中已积累丰富的实践经验,具备一定的监管能力。

然而非上市公众公司这一概念,基于监管维度,而非公司组织法维度,故相应的制度建设呈现公司法法源后劲不足局面。非上市公众公司与上市公司的共同性决定需要明确其共同的上位概念,在此基础上,对其共同性作出统一安排,对公司治理、公司监管等方面设置差异化内容。在公司法上明确公众公司的概念并确立其标准,具有必要性和可行性。

(三) 公众公司的认定标准

应如何确定公众公司的认定标准,是公众公司入法需要解决的首要问题。英美法系通常以股份公开发行或公开转让作为公众公司的要件。从境外市场运行经验来看,存在两种确立模式:其一,法律规定若干情形的必须注册成为公众公司,接受对公众公司的监管,采取实质主义标准,如美国立法;其二,必须先注册为公众公司后,方可公开发行证券,否则其为私人公司,采取形式主义标准,如英国立法。

我国公司法上应采取实质主义标准或形式主义标准,存在一定争议。主张采取形式标准的观点认为,以规范股东人数、公司规模以及交易方式内容等实质主义模式来立法可能会随着市场化的发展而出现自我矛盾。故应参照英国立法,以形式要件明确公众公司,包括(1)公司登记中载明为公众公司;(2)章程或其他证明文件中明确股权可以自由流转。[①] 随着资本市场的发展,形式标准有利于对公众公司的分类、外延等做灵活处理。但当下明确公众公司的外延与监管的边界密切相关,在形式标准项下,如何对不同类型公众公司确立不同程度的监管要求这一问题并未得到有效解决,笔者赞同立法应以实质标准确立公众公司要件,确立构成公众公司的实质性标准要件。

公众公司具有股份性、公众性、公开性、严管性特征。[②] 理论上公众公司的外延存在广义、中义和狭义上标准。广义上的公众公司是指只要章程规定公司股权可以自由进行流转的股份有限公司即可认定为公众公司,这一概念与封闭公司的闭锁性和公司治理的人合性相对,体现公众公司的市场公开属性;中

---

① 参见祈畅. 中国非上市公众公司监管的结构性变革——兼论中国公众公司的法律内涵重构 [J]. 云南社会科学, 2018 (1)。
② 参见徐明. 公司法应当赋予公众公司重要地位 [N]. 金融时报, 2021-04-12。

义上的公众公司是指可以向社会公开发出股票要约的股份有限公司，这意味着公众公司可以向社会公开筹集资金，并具有股份转让的渠道；而狭义上的公众公司则指在公开的证券交易场所公开交易的股份有限公司，既包括一级市场的新股发行，也包括二级市场的交易转让，涵盖公众性最强的上市公司以及多层次资本市场上公开交易的公司。①

公众公司与非公众公司应采用何种区分标准？在监管实践中，根据《非上市公众公司监督管理办法》第二条对非上市公众公司的定义：有下列情形之一且其股票未在证券交易所上市交易的股份有限公司：（1）股票向特定对象发行或者转让导致股东累计超过200人；（2）股票公开转让。根据这一定义，监管层面的公众公司可划分为上市公司、公开发行未上市公司、公开交易公司、股东人数超过200人的公司四类。②股东人数超过200人的公司类似于美国法上的事实公众公司。从文义来看，公众性体现人数规模较大，公开则往往表征对外公开发行的行为，以公司股东人数规模作为区分标准成为一种观点，但是公司的股东人数是一个连续的区间，任何一个试图将这个连续体生硬地划分为公众公司和闭锁公司的具体股东人数，都会不可避免地带有武断的性质，没有充足的理由。③公众公司虽通常具有较大的股东规模，但股东人数却不能成为公众公司与非公众公司的核心区别。

笔者认为，前述广义标准上的公众公司不应作为我国立法上的选择，为解决监管的现实问题，对公众公司的判断应采用实质性标准，股份能否公开转让应作为公众公司与非公众公司的划分基础，公众公司是股份公开转让的公司。具体而言，公开转让可以分为公开发行行为与公开交易行为。故公众公司包括两类：其一，公开发行类公众公司，包括公开发行但不进行公开交易的公众公司、公开发行并公开交易的公众公司以及公开发行并上市后又退市的公众公司；其二，公开交易类公众公司，包括公开发行并公开交易的工作公司、非公开发行但公开交易的公众公司以及退市后公开交易的公众公司。两者在公开发行且公开交易公司（上市公司）和退出公开交易市场的公众公司产生交集。对于我国现有的公众公司可以囊括，且分类标准较为清晰、可行。

---

① 参见洪艳蓉. 公众公司制度机理与新三板市场改革 [Z]. "股转研究"微信公众号, 2019-07-02。
② 参见刘斌. 公众公司的公司法地位再审视 [J]. 法学杂志, 2021 (7)。
③ 参见黄辉. 现代公司法比较研究——国际经验及对中国的其实 [M]. 北京：清华大学出版社, 2011。

在立法技术上，我国公众公司可以采用"公众公司定义+类型列举+设置兜底性认定条款"的方式，并设置一定条件下豁免性监管规定，采用实质性的动态标准，对事实公众公司加以规制。由于司法实践中出现的关联公司、集团公司的问题，公众公司的认定应为司法实践中的个案判断留有空间。

（四）公众公司的法律定位

1. 多层次的公众公司

公众公司是一个多层次的概念和规范体系，因公开性不同，公众公司内部呈现差异化。如实践中的公众公司主要包括上市公司、挂牌公司、非上市非挂牌公众公司，股份发行、股票交易方式也不相同。在公众公司的统一概念下，应以公开性程度为标准，监管的严格程度应依次降低，公司治理灵活性加强，信息披露要求降低。为不同层次的公众公司差异化安排公司治理机制和监管要求，并完善转板机制，畅通转换渠道，平衡公司相关主体利益，合理分配监管资源。推动公众公司制度发展，完善资本市场基础设施建设，服务多层次的资本市场。

2. 公司法与证券法的分工规制

公司法内容主要为公司组织规范，证券法内容主要为行为规制规范。由于公众公司与资本市场的密切关系，传统公司法无法为公众公司提供详尽的规范体系，否则将产生重心偏离。因此，公司法应与证券法在加强协调的基础上有所分工，以公司法规范为基础，提纲挈领，而更多的持续监管和细则等内容则应交由证券法等予以统筹安排。

四、结语

有限责任公司与股份有限公司的类型划分，已不能满足我国公司实践的客观需求。公众公司在我国已有理论和实践的基础，为服务于多层次的资本市场建设，应以股份公开交易为标准，理顺公开发行与公开转让的关系，在公司法上正式确立公众公司制度，赋予公众公司以法定地位，与非公众公司相区别，并对公司治理机制、公司监管等方面规范予以完善，实现一体化安排。进而弥补我国公司类型二元划分存在的区分度低、规范设置不合理、未能契合监管实践需求的不足。在制度顶层设计下，应统合现有的法律规范，实现公司法与证券法的分工，完善规则细则，建立完备的公众公司制度体系，为优化营商环境提供法治保障。

【制度探索】

略论我国公众公司制度的立法完善

——以公司法修订为中心

钟洪明[*]

摘 要：我国迄今没有建立统一的公众公司法律制度，导致证券监管及司法审判机关在法律适用和规范续造过程中均面临上位法依据不足的困境。新证券法对上市公司和新三板挂牌公司的规制进行一定完善，但受制于其主要规范证券发行与交易的部门法属性，无法涵摄统合各类公众公司。在当前公司法、证券法无法联动修改的条件下，应积极利用公司法修订之契机，摒弃现行有限责任公司和股份有限公司之基础分类，改为采用公众公司和封闭公司的实质分类，明确界定公众公司的概念并建立系统的规范体系。公司法对公众公司的制度构建完善应当与证券法实现科学分工与有效衔接，突出中小投资者保护理念并以配置强制性规范为主，为公众公司的规制及规范续造提供充分的法律依据。

关键词：公众公司 公司法修订 新证券法 两法联动

我国迄今为止尚未建立起统一的公众公司制度，非上市公众公司的规范体系主要随着资本市场的改革发展尤其是全国中小企业股份转让系统（以下简称新三板）非上市公众公司的探索和实践而逐步形成。由于公司法、证券法相关规定的缺位，既有的非上市公众公司制度安排，有的缺乏上位法依据，有的明

---

[*] 钟洪明，法学博士，四川省社会科学院法学研究所副研究员，中国证券法学研究会理事。本文是四川省软科学研究项目"创新创业企业发展的法律供给机制研究"（批准号 2021JDR0291）的阶段性成果。

显滞后于公众公司的实践需要。对于上市公司，公司法、证券法虽然各有规定，但是各有不足，而公司法的立法缺陷尤为明显。为夯实我国公众公司规范发展的法律依据和完善制度供给，亟须对公众公司制度进行系统重构完善。

从公众公司的法源看，在证券市场和证券法诞生之前，其监管体系主要由公司法进行构建安排。①《中华人民共和国证券法》（以下简称证券法）已于2019年12月完成新一轮的修订并于2020年3月开始实施，短期内公司法与证券法的联动修改事实上已无可能，《中华人民共和国公司法》（以下简称公司法）的修订无疑将成为完善公众公司制度的主要路径。同时，鉴于公司法与证券法在规范公众公司方面各司其职又关系密切，在公司法构建完善公众公司制度中须臾不能离开与证券法的联动衔接。

一、我国公众公司的实践及其立法与规范嬗变

（一）公司法及证券监管视野下的公众公司立法

自1993年公司法制定伊始，我国采取有限责任公司和股份有限公司的二分类，公众公司这一为境外尤其是英美法系常见的公司形态在我国公司立法中付诸阙如。2005年公司法修订后，在其中第四章"股份有限公司的设立和组织机构"中增设"上市公司组织机构的特别规定"，将上市公司定义为其股票在证券交易所上市交易的股份有限公司。上述特别规定仅有寥寥5个条文（第121~125条），且一直沿用至今。②对于上市公司之外的公众公司，则难以找到直接规定。换言之，在我国公司法中可做上市公司与非上市公司之分，但无一般意义的公众公司和封闭公司之别，统一的公众公司制度并未确立。

2005年公司法与证券法联动修改后，《国务院办公厅关于严厉打击非法发行股票和非法经营证券业务有关问题的通知》（国办发〔2006〕99号，以下简称《通知》）规定：向特定对象发行股票后股东累计不超过200人的，为非公开发行；严禁任何公司股东自行或委托他人以公开方式向社会公众转让股票；向特定对象转让股票，未依法报经证监会核准的，转让后公司股东累计不得超过200人。《通知》明确非上市公众公司是指公开发行股票但不在证券交易所上市的股份有限公司，同时要求证监会根据公司法和证券法有关规定，研究制

---

① 参见洪艳蓉．公众公司制度机理与新三板市场改革［M］//谢庚，徐明．多层次资本市场研究（总第1辑）．北京：中国金融出版社，2019．
② 公司法（2018年修正）对应条文为第120~124条。

定有关非上市公众公司管理规定。业界普遍认为，这是我国相关规范性文件中首次明确使用公众公司的概念。而这一概念实际上对公开发行证券进行执法解释，其中将股东人数累计超过200人解释为公开发行样态对后续公众公司的界定和制度安排影响甚大。

2012年，中国证券监督管理委员会（以下简称中国证监会）发布实施《非上市公众公司监督管理办法》（以下简称《非公办法》），在部门规章层面引入非上市公众公司的概念并进行相应的规范续造。根据《非公办法》第二条的规定，非上市公众公司是指股票向特定对象发行或者转让导致股东累计超过200人或者股票以公开方式向社会公众公开转让且其股票未在证券交易所上市交易的股份有限公司。① 简言之，非上市公众公司包括公开发行股票和公开转让股票的两类公司，这种界定实际上是对《通知》相关规定的细化。在此基础上，《非公办法》针对公众公司在公司治理和信息披露方面的特殊性，增补与上市公司及一般股份公司不同的新规则，填补具有较强公开性的公众公司的规则空白。②

2013年12月13日，《国务院关于全国中小企业股份转让系统有关问题的决定》（国发〔2013〕49号）规定在全国股份转让系统挂牌的公司依法纳入非上市公众公司监管，但对于何为非上市公众公司未做规定。结合国办2006年99号通知的授权规定可知，《非公办法》确立的非上市公众公司的定义及类型获得国务院的认可。

(二) 新证券法下新三板及其挂牌公司的主要制度安排

新证券法根据我国多层次资本市场体系的发展，完善证券交易场所的规定，将"证券交易所"拓展为"证券交易场所"，其中最重要的制度安排之一是赋予新三板与证券交易所具有实质相同的功能和性质，并明确新三板挂牌公司及相关方的信息披露监管要求。③

在具体表述上，新三板对应于新证券法规定的"国务院批准的其他全国性

---

① 中国证监会在2013年12月26日以及2019年12月20日两次修订《非公办法》，对于非上市公众公司的定义均未做任何修改。
② 参见叶林. 公司治理制度：理念、规则与实践 [M]. 北京：中国人民大学出版社，2021。
③ 参见徐明. 评析证券法修改及新法关于新三板市场的规定 [M] // 谢庚，徐明. 多层次资本市场研究（总第6辑）. 北京：中国金融出版社，2021。

证券交易场所"。① 而对于此前国务院相关规范文件和证监会规章规则中常用的"非上市公众公司"概念，新证券法并未沿用，而是根据其交易场所表述为"股票在国务院批准的其他全国性证券交易场所交易的公司"。此类规定，典型如新《证券法》第七十九条将上市公司、公司债券上市交易的公司与股票在国务院批准的其他全国性证券交易场所交易的公司并列，规定其应当按照国务院证券监督管理机构和证券交易场所规定的内容和格式编制定期报告并按照规定报送和公告；第八十条规定，上市公司、股票在国务院批准的其他全国性证券交易场所交易的公司应当按照规定履行临时报告和公告义务。

总之，就公众公司的制度建设而言，新证券法首次将新三板以及新三板挂牌公司明确纳入规制范围，相应完善上市公司以及新三板挂牌公司的信息披露、证券交易以及投资者保护等制度，为新三板的改革发展和有效监管明确法律依据。

二、我国现行公众公司立法的主要缺陷与不足

（一）现有公司立法缺乏公众公司的基本概念与界定

我国自1993年公司法开始采取并一直沿用有限责任公司和股份公司区分规范的立法模式，是由社会经济因素和公司法起草情况共同决定的，② 其脱离公司实践的弊端日渐明显并备受诟病：有限责任公司的立法预设该类公司规模小且人合性明显，但并不能与封闭公司等同；而股份有限公司预设为规模较大且以资合性为特点，但也不能等同于公众公司。实践中，我国绝大多数股份有限公司均为非上市、非挂牌公司，此外，根据公司法规定采取发起设立和定向募集方式设立的股份公司在封闭性方面与有限责任公司并无本质差异。③

从上述立法可知，我国公司法所规定的股份有限公司无法对应于境外立法及我国公司实践中的公众公司。一方面，对于为数众多的非公开发行股份、未上市也不在新三板挂牌的股份公司，如果公司股东人数在200人以内，本质上

---

① 国务院2013年49号文明确规定全国股份转让系统是经国务院批准，依据证券法设立的全国性证券交易场所。截至目前，新三板依然是全国唯一的"国务院批准的其他全国性证券交易场所"。
② 参见钱玉林. 我国公司法体系的重构——一种解释论的观点[J]. 政治与法律，2021（1）。
③ 《公司法》第七十七条规定："股份有限公司的设立，可以采取发起设立或者募集设立的方式。发起设立，是指由发起人认购公司应发行的全部股份而设立公司。募集设立，是指由发起人认购公司应发行股份的一部分，其余股份向社会公开募集或者向特定对象募集而设立公司。"由此可知，无论是发起设立的股份公司还是向特定对象募集设立的股份公司，均不属于公众公司的范畴。

属于封闭公司，却因为有限责任公司和股份有限公司的区分立法而必须适用股份公司的规定。另一方面，股份公司章节除关于上市公司的若干条款之外没有针对公众公司的特殊性作出特别规定。公司法"上市公司组织机构的特别规定"仅适用于股票在证券交易所上市交易的股份有限公司，无法涵盖其他公众公司，且区区 5 个条文显然无助于解决实践中法律适用捉襟见肘的问题。

事实上，除证券监管机构外，审判机关对于公众公司的法律规制和法律适用的特殊性日益关注，在司法政策文件与司法解释中时有体现。例如，近年来最高人民法院对于上市公司的对外担保纠纷的裁判持续作出特别规定：2019 年《全国法院民商事审判工作会议纪要》（以下简称《九民纪要》）第二十二条对相对人确立标准更高的善意要求，而《最高人民法院关于适用〈中华人民共和国民法典〉有关担保制度的解释》（以下简称《民法典担保制度解释》）第九条则进一步明确未根据上市公司公开披露的关于担保事项已经董事会或股东大会决议通过的信息与上市公司订立担保合同的，上市公司可以主张担保合同对其无效且不承担担保责任或者赔偿责任。①《民法典担保制度解释》作出上述规定的主要政策考量在于：境内上市公司为他人提供担保，会影响到广大中小投资者的合法权益，而后者属于公共秩序的范畴。② 然而，由于公司法规定的阙如，无论证券监管机构还是司法审判机关对于公众公司的规范续造和具体适用，均面临法源不够充分的困境。③

综上所述，我国公司法关于公司形态结构的立法未能对有限责任公司和股份有限公司在公众性方面作出应有区分，也未引入公众公司的概念并对其类型化，其结果是无法有效调整公司社会关系，无法为公众公司的实践提供充分的法律依据和制度供给。④

---

① 《民法典担保制度解释》第九条第二款还明确，上述规定同时适用于上市公司已公开披露的控股子公司和新三板挂牌公司。

② 参见最高人民法院民事审判第二庭. 最高人民法院民法典担保制度司法解释理解与适用 [M]. 北京：人民法院出版社，2021。

③ 如《民法典担保制度解释》第九条关于上市公司担保的特别规定制定依据是《公司法》第十六条，但后者并无关于上市公司担保的特别规定。

④ 即使对上市公司已经有法律法规等各方面的规范依据，但欠缺公众公司整体制度作为其制度基础，导致其制度本身仍不完善，例如上市公司退市后的运行与监管亟待非上市公众公司制度填补空白。参见郭锋，等. 金融发展中的证券法问题研究：以金融创新中的法律制度构建为路径 [M]. 北京：法律出版社，2010。

（二）既有立法无法统合各类公众公司并满足其不同制度需求

新证券法虽然完善新三板挂牌公司证券发行交易、信息披露、投资者保护等制度，但其仍明显侧重于对上市公司的规范，比如将收购制度的适用范围明确限定为上市公司，诸如此类的立法导致非上市公众公司在证券法上明显的规范不足。① 此外，对于证券交易被终止上市的公司（以下简称退市公司）、新三板摘牌公司以及因股份转让等原因导致股东人数超过200人等类型的公众公司，新证券法鲜有规定。

而公司法仅明确规定上市公司，对于其他类型的公众公司语焉不详。实践中证券监管机构根据公司法股份转让等规定构建的非上市公众公司制度，也未能将各类公众公司纳入监管范围。例如，《非公办法》事实上区分发行类的公众公司和转让类的公众公司，同时要求股东人数超过200人非上市和未挂牌的公司纳入非上市公众公司监管，② 但是在市场准入和持续监管方面未对两类公司做出差异化安排。在此情形下，大量股东人数超过200人的公司既不具备在新三板挂牌的条件，又无法通过非公开市场进行转让，股东转让股份的自由和权利受到极大限制。③

（三）公众公司发行交易的规定与解释不利于多层次资本市场的体系衔接

《公司法》第一百三十八条规定，股东转让其股份，应当在依法设立的证券交易场所进行或者按照国务院规定的其他方式进行。普遍认为，上述规定为我国多层次资本市场的形成提供制度空间。新证券法根据证券市场的发展实际，将证券交易场所划分为证券交易所、国务院批准的其他全国性证券交易场所以及区域性股权市场三个层次的市场。其中，证券交易所和新三板属于场内、公开和集中市场，④ 区域性股权市场为场外、非集中和私募市场。党中央、国务院关于"十四五"时期资本市场高质量发展的决策部署明确提出，畅通转

---

① 新三板挂牌公司在证券法上规范不足，固然有新三板及非上市公众公司实践时间相对有限、相关制度不够成熟而难以"入法"的客观原因。

② 《非公办法》第九十二条规定：本办法施行前股东人数超过200人的股份有限公司，不在全国股转系统挂牌公开转让股票或证券交易所上市的，应当按相关要求规范后申请纳入非上市公众公司监管。

③ 转让类公众公司可能不具备通过新三板融资的条件或者无此需求，但是其股东转让股份的需求较为突出。

④ 参见徐明. 评析证券法修改及新法关于新三板市场的规定 [M]//谢庚，徐明. 多层次资本市场研究（总第6辑）. 北京：中国金融出版社，2021.

板机制,形成错位发展、功能互补、有机联系的多层次市场体系。随着 2020 年 6 月《中国证监会关于全国中小企业股份转让系统挂牌公司转板上市的指导意见》的发布实施以及 2021 年 2 月上海、深圳证券交易所发布新三板挂牌公司向科创板、创业板转板上市办法,新三板与交易所之间的转板上市制度初步形成。然而,上市和挂牌公司退出制度的完善并未获得同等关注,其中原因较为复杂,① 核心仍在于当前立法未分门别类地对公众公司明确各自定位。

新《证券法》第三十七条规定,公开发行的证券,应当在证券交易所和全国性证券交易场所交易;非公开发行的证券,可以在区域性股权市场转让;第九十八条规定,区域性股权市场为非公开发行证券的发行、转让提供场所和设施。综合上述规定,除非因股权结构变化导致公众性丧失,否则上市公司退市后仍为公众公司,应当转移到老三板挂牌交易;同理,新三板挂牌公司摘牌后也只能在老三板挂牌交易。然而,证券法和公司法均没有明确老三板及其挂牌公司的性质及其监管安排,② 导致该板块的监管缺乏上位法依据。此外,与公司公众化相关的"200 人问题",一直是制约我国多层次资本市场尤其是场外市场建设的老问题。③ 这一问题在新三板建设中逐步得以解决,但对于区域性场外市场的发展仍构成重大制约。非但如此,新证券法实施后,若依然固守因股份转让导致公司股东超过 200 人构成公开发行的解释,则综合其第三十七条和第九十八条的规定,将强化该类公司不得通过区域性股权市场发行与转让股份。诚如业界专家所直言,只要"200 人"的问题存在,区域性场外市场就几乎不可能持续健康发展,地方性中小企业的股权转让和融资活动就不可能得到真正的改善。④

综上所述,我国公司法、证券法关于证券公开发行、股份转让及证券交易场所的规定与执法解释,不利于证券场外市场的建设和不同层次市场挂牌公司升板降板的有序衔接。

---

① 参见徐明. 新三板理论与实践 [M]. 北京:中国金融出版社,2021。
② 老三板是全国中小企业股份转让系统两网、退市及摘牌公司板块的俗称,其中两网是指原全国证券交易自动报价系统(STAQ 系统)和 NET 系统。
③ 简言之,所谓"200 人问题",是指根据我国新老证券法关于公开发行证券的界定,一旦公司股东人数超过 200 人就构成公开发行,从而需要履行事先核准或者注册程序。有学者指出,这种无限制累计股东人数,将股东人数累计超过 200 人的发行和转让行为均界定为公开发行的规定为中国独有,各国罕见。参见彭冰. 构建针对特定对象的公开发行制度 [J]. 法学,2006 (5)。
④ 参见鲁公路、李丰也、邱薇. 美国新股发行制度改革:JOBS 法案的主要内容 [EB/OL]. [2021-06-05]. http://www.csrc.gov.cn/pub/newsite/yjzx/yjbg/201406/t20140611_255923.html。

三、我国公司法修订对公众公司制度的重构与完善

（一）公司法与证券法关于公众公司立法的分工与协调衔接

当前，我国纳入证券监管的公众公司以上市公司和三板挂牌的非上市公众公司为主，且总体上法律法规关于上市公司的规定已经较为完整。对于非上市公众公司，有观点认为，新三板在以往的发展过程中倚重公司法中关于股份有限公司股票发行与转让的规定，未来在不放弃公司法法源的基础上，有必要更多地倚重证券法法源予以发展。① 事实上，新证券法对新三板及其挂牌公司的制度安排做不少完善。但是，公司法和证券法作为不同的法律部门，对于公众公司的规范调整客观上受制于自身定位：证券法主要定位于交易法，为规范证券的发行交易及相关行为而制定实施，若超出这一定位作出相关制度安排恐有损证券法体系的科学性，也会影响实施的效果，还可能造成与公司法等相邻法律的体系冲突。例如，有学者提出，我国现行公司法内容简约，操作性不强，确定性不足；虽然欠佳的公司治理是减损投资者保护的重要原因，但若通过证券法专章规定"投资者保护"，借以缓和公司法的缺陷和不足，难免舍本逐末。② 还有学者认为，由于我国公司法对资本市场制度供给功能的不足，原本应由公司法调整的股东委托投票、表决权征集与表决权信托、债券持有人与股东大会会议规则等内容，不得不交由证券法补白，但证券法作为交易法又不便对上述过多的组织法内容作出规定，最终只能由证监会和证券交易所等以低位阶规范加以填补公众公司相关制度漏洞；本应成为主要规制对象的股份有限公司被诡异地排除在公司法适用之外，行政强制手段的大量使用又加剧规范目的与实际效果间的冲突。③

从我国公司证券立法的进展看，在无意对两法联动修改的思想指导下证券法先行完成修订，后续应主要做好其解释实施以及法律实施的评估总结。在此情况下，重构和完善我国公众公司的基本制度，更为可行的路径无疑是充分利用公司法修订的契机，同时借此弥补证券法对公众公司制度安排的不足。

根据我国公司法主要规范公司的组织和行为而证券法主要规范证券发行与

---

① 参见洪艳蓉．公众公司制度机理与新三板市场改革［M］//谢庚，徐明．多层次资本市场研究（总第1辑）．北京：中国金融出版社，2019。
② 参见叶林．证券法专章规定"投资者保护"的得失［N］．金融时报，2019-07-29。
③ 参见冯果．整体主义视角下公司法的理念调适与体系重塑［J］．中国法学，2021（2）。

交易行为的基本区分，同时借鉴境外相关经验，本文认为，我国公司法对于公众公司的基本制度安排，应主要从其设立、公司治理、股份发行与转让、股份回购、公司债券及其治理机制、公司收购重组、投资者保护以及信息披露等方面加以构建完善。

（二）公司法公司形态结构的重塑与公众公司的界定

关于公众公司之于公司立法的重要性，有学者指出，虽然随着公司制度不断发展，公司形态、公司法功能均呈现多样化和多元化特征，但公众公司立法及其改革一直是现代国家公司法的重心，而且几乎所有重要国家的公司立法均以公众公司制度为基石。① 需要指出，公众公司的立法不是孤立的，而是与公司分类和公司法律形态结构等重大问题休戚相关，而我国的公司分类及建基其上的立法模式长期遭到诟病，对此进行改革实为必要而迫切。公司法律形态结构的改革目标，应在于使公司形态的区分真正有意义，而这种区分应最有利于公司法的实施和最有效地调整公司社会关系。② 据此，法学界基本达成如下共识，即摒弃或改造现行有限责任公司和股份有限公司的两分法，采用公开（公众）公司与封闭公司的实质分类，在此基础上重塑公司法的规则体系。③ 在此过程中，如何定义公众公司势必成为举足轻重的问题。④ 本文认为，借鉴境外有益经验，充分总结我国公司实践从而统合与涵摄各类公众公司，理应成为解决前述命题的基本遵循。

从英美法系的代表美国的情况来看，根据其1934年证券交易法规定，⑤ 公众公司称为报告公司（Reporting Company），是指按照该法要求进行证券登记并履行持续信息披露义务的公司，具体分为全国性证券交易所的上市公司、公

---

① 参见冯果. 整体主义视角下公司法的理念调适与体系重塑 [J]. 中国法学, 2021 (2)。
② 参见王保树. 公司法律形态结构改革的走向 [J]. 中国法学, 2012 (1)。
③ 参见钱玉林. 我国公司法体系的重构——一种解释论的观点 [J]. 政治与法律, 2021 (1)；朱慈蕴. 论中国公司法本土化与国际化的融合——改革开放以来的历史沿革、最新发展与未来走向 [J]. 东方法学, 2020 (2)；李建伟. 公司组织形态重构与公司法结构性改革 [J]. 财经法学, 2015 (5)。
④ 需要特别说明，我国未来公司法修订采取公开公司和封闭公司的实质分类，并非彻底废弃现行有限责任公司和股份有限公司的立法表达而推倒重来。事实上，将股份有限公司中不具有公众性的公司剥离出去并归并到有限责任公司后，有限公司等同于封闭公司而股份公司等同于公众公司。这一立法路径可以减少修法带来的社会适应成本，殊为可取。
⑤ 以1933年证券法和1934年证券交易法为主的联邦证券法律被称为"公司法的联邦化"。参见郭锋，等. 金融发展中的证券法问题研究：以金融创新中的法律制度构建为路径 [M]. 北京：法律出版社, 2010。

开发行证券的公司、股东人数及资产达到规定标准的公司。① 总体上，美国公众公司不限于上市公司和公开发行的公司，因股份转让而被广泛持有成为公众公司的情况极为普遍。② 日本公司立法经历从师法德国走向两大法系融合的历程，2005年《公司法典》实现股份公司对有限公司的"吸收合并"，同时在股份公司内部以股份转让是否受到限制进行区别规制：只要公司发行股份中有一部分可以自由转让即为公开公司，而在章程中对股份转让设置限制条件的股份有限公司为非公开公司。《公司法典》在公司的设立、融资和治理等方面对公开公司作出特别规定，又按照公司规模将其划分为大型公众公司和中小型公众公司并设置不同监管标准。③ 此外，《金融商品交易法》将股东超过1000人且注册资本5亿日元以上的公司视为公众公司而纳入监管范围。我国台湾地区"公司法"固守传统的公司四分法，未引入公众公司概念，但在股份有限公司下设有闭锁性股份有限公司的特别规定，明确其为股东人数不超过五十人并于章程定有股份转让限制之非公开发行股票公司；此外，该法总则及股份有限公司等章节对公开发行票之公司的特殊性作出相应规定。④ 由上可知，对于公众公司的界定，美国偏向于"定量法"，明确规定股东人数（及公司规模）并根据经济社会发展适时调整；日本公司法采取"定性法"，以公司章程对股份转让是否限制作为公开与否的主要判断标准，《金融商品交易法》则借鉴"定量法"定义公众公司，因此兼采定性与定量方法。我国台湾地区"公司法"无统一的公众公司制度，但其对闭锁性股份公司以及公开发行股票之公司的规定显然立足于公司公众性的有无和强弱。总体上，三种立法各有历史缘由也各具特点，我们在借鉴参考时需要仔细比较甄别。

我国公司法、证券法均未出现公众公司字眼，证券监管中提出的非上市公

---

① 其中，仅因股东人数和资产规模达到法定标准的公众公司又被称为事实公众公司（de facto public corporation）。参见陈颖健.事实公众公司制度研究[J].证券市场导报，2016（4）。
② 美国证券交易法对证券公开发行和非公开发行公司成为公众公司的最低持有人数量作出区分：前者为300人，后者为500人（且资产达1000万美元）。2012年，美国Jumpstart Our Business Startups Act（简称JOBS法案）将证券交易法确立的成为报告公司的在册股东人数达到或超过500人提高到2000人，或者是非受信投资者达到或超过500人。
③ 比如，大型公开公司必须设置检查人员及会计监察人，对中小型公司则无此要求。
④ 根据笔者统计，我国台湾地区"公司法"（2018年）关于公开发行股票之公司的规定有58处之多。

众公司并非公司法立法意义上的新的公司组织形式,而实为股份有限公司的范畴。① 实践中我国公众公司主要包括四类:公开发行并在证券交易所上市的公司(上市公司)、公开发行或转让并在新三板挂牌的公司(新三板挂牌公司)、退市或摘牌公司(老三板挂牌公司)以及因股份转让、司法裁决等原因导致股东人数超过200人但未挂牌的公司(非挂牌的转让类公众公司)。上述公司运行与监管实践已经为公众公司的立法完善积累经验并提出制度需求,完善公众公司制度须从此基本国情出发。对比而言,无论是借鉴我国台湾地区公开发行股票公司的概念抑或美国、日本式的界定标准,均难以涵摄上述四类公司,但其对各类公司的具体界定有积极借鉴意义。鉴于此,本文建议,我国公司法可采用列举式的立法技术,规定公司具有下列情形之一的属于公众公司,应当按照本法和其他法律规定履行登记注册和信息披露等义务:(1)公司已发行证券可以自由转让,公司章程对其转让未做法律规定之外的限制;(2)公司证券公开发行或者转让;(3)因股东转让股权、司法裁决等原因导致公司股东人数在一定期间内持续达到或者超过法律规定的数量。总体上,本文建议公众公司"入法"的基本逻辑在于其涉众性,而不论该公众性的产生原因是股份发行抑或转让。依上述建议,可以将证券的公开发行和交易彻底分离,并将发行类公众公司和转让类公众公司统一纳入调整,也为后续对两类公司区分规制奠定基础。

对于公众公司的准入监管,本文赞同强制注册的观点,② 同时提出如下建议:一方面,公司法不应复制证券法200人的规定,反之应借助公司法的修订来推动对200人规定的重新解释乃至及早修正;另一方面,建议借鉴美国作法,根据转让类公众公司的特殊性对其实施更为宽松的监管。为此,在《证券法》第九条"向特定对象发行证券累计超过二百人"规定未做修订之前,亟须对国办99号通知相关解释予以重思以回归立法本源:此处"特定对象"应指作为证券发行的对象而非简单的全部股东的累计,将股东人数超过200人一律

---

① 参见郭锋,等. 金融发展中的证券法问题研究:以金融创新中的法律制度构建为路径[M]. 北京:法律出版社,2010。

② 同上。

界定为公开发行忽视证券发行与交易的监管逻辑差异，也缺乏明确的上位法依据。① 若"200 人"问题得以重新释明，则转让型公众公司的监管准入标准即可与公开发行明确区分并适度降低，如可以借鉴境外经验设为 500 人乃至更高的股东人数标准。

（三）公司法公众公司规范配置及制度体系的构建

尽管对于以何种公司为目标公司进行公司区分立法，我国法学界仍有不同认识，② 但是对于封闭公司和公开公司区分规制则无异议。从两类公司的规范结构来说，境外学者较早关注到并指出，现代商事组织法同时朝着两个方向发展：一是在闭锁公司或者特定目的企业中，法律变得越来越具有契约性，所有者和管理人员的所有关系完全付诸合意安排；二是在公众公司中，商事组织法呈现高度的规制性（Regulatory）而拒绝契约化，尤其是证券法律、证券交易所上市规则等越来越多地限定公司的自由选择。在可预见的将来，公众公司的章程似乎仍由政府这一只看得见的手来拟定。③ 本文认为，一旦我国采取封闭公司和公众公司的实质分类，在法律规范配置上同样应做此区分：对于封闭公司突出股东和公司自治，以授权性规范为主，授权当事人自行安排利益结构；对公开公司则以强制性规范为主，以法律的强制来保护公众投资者及相关方的利益。

在公众公司具体制度的构建与完善中，需要精准提炼公众公司之特殊性，明确各类公众公司规制的共性与差异化要求，为监管机构和司法审判机关的规范续造提供充分的法律依据。

1. 公众公司的监管机构。公众公司规范监管的内容以信息披露和公司治理为主，各国各地区普遍将对公众公司的行政监管权限赋予统一的证券监管机

---

① 也有学者主张，为缓和我国公众公司的政府监管过渡和阻碍企业融资的消极影响，最为可行的方法是建立事实公众公司豁免制度。参见陈颖健. 事实公众公司制度研究［J］. 证券市场导报，2016（4）。
② 一种观点认为，公司法应以封闭性的小公司为目标公司建立公司法的基础性规则，对公开公司设立例外规定（参见钱玉林. 我国公司法体系的重构——一种解释论的观点［J］. 政治与法律，2021（1））；另一种观点则认为，股份公司作为特别法依附在作为标准公司的有限责任公司之上的立法模式，与资本市场扞格不入（参见冯果. 整体主义视角下公司法的理念调适与体系重塑［J］. 中国法学，2021（2））。
③ 参见 Henry Hansmann, Corporation and Contract［R］. ECGI-Law Working Paper, No. 66/2006。

构。根据我国公司法和证券法的规定，① 当前对于挂牌公众公司由证券监管机构实施行政监管，全国股转系统公司负责自律监管。对于未在证券交易场所挂牌的各类公众公司，也应由证券监管机构统一注册和监管。② 同时，为方便实施监管和公司的股份转让与融资等，建议根据现行上市公司和新三板挂牌公司股权托管模式，规定各类公众公司的股份实施集中统一的托管。

2. 公司治理与投资者保护。（1）与封闭公司相比，公众公司最大的特点是公司所有与公司经营的分离。此外，我国公众公司股权依然较为集中，控股股东和实际控制人滥用控制权损害公司与中小股东的情况还很常见，在采取不同表决权结构等特殊情形下相关问题还可能加剧。为此，在公司治理模式上，建议按照"董事会中心主义"进行"三会"的权限配置，强化公众公司的独立性；同时，同步完善公司的控股股东、实际控制人、董事、监事和高级管理人员等"关键少数"的信义义务规则及责任追究机制。（2）在公司治理具体制度方面，应当进一步细化规范投资者行使权利的规则，尤其需要完善股东表决权委托、表决权征集与表决权信托制度、债券持有人大会的职权与会议规则、股东大会会议规则等。（3）在投资者保护方面，新证券法已经在表决权征集、现金分红、债券持有人保护以及证券诉讼机制等方面作出明确规定，但相关规定多适用于上市公司。公司法修订应当与证券法规定有效衔接协调尤其需要补足相关立法漏洞，建议采用共性一体适用、个性特别规定或者授权规定的立法技术，从股东权利、公司治理和诉讼机制等方面完善公众公司中小投资者的保护机制。

3. 股份发行与转让、股份回购。（1）对于证券公开发行，证券法已经规定注册制，③ 为实现两法衔接，公司法可采取引致条款规定：公众公司公开发行证券的，应当符合证券法等法律法规的规定。反之，公众公司非公开发行证券属于证券私募发行，在平衡资本形成和投资者保护的情况下应采取低密度的管理原则，故建议采取备案制，主要突出其在非公开发行期间及其后及时履行

---

① 例如，《证券法》第六条规定：国务院证券监督管理机构依法对全国证券市场实行集中统一的监督管理。
② 未来采取公募股权众筹融资的公司也属于公众公司，虽然其股权转让往往缺乏公开市场，但是证券监管机构对其发行豁免注册及信息披露等事项仍应实施必要监管。
③ 当前证券交易所主板及新三板的公开发行依然适用原证券法规定实施核准制，未来将逐步过渡到新证券法下的全面注册制。

信息披露和向证券监管机构的报备义务。(2) 对于公众公司的股份转让,《公司法》第一百三十八条并未禁止在区域性股权市场及其他场外市场进行。因此,在对证券法 200 人规定重新解释后,转让类公众公司的证券及其后续私募发行的证券在区域性股权市场非公开转让并不违反《证券法》第三十七条和第九十八条等规定。同时,为防止公众公司变相公开发行或者转让证券,公司法应当规定证券转售限制。简言之,私募发行等未经注册而发行的证券构成公开转让的,应当符合公司法和证券法等法律法规和证券监管机构的规定。(3) 对于股份有限公司的股份回购,公司法采行"原则禁止、例外许可"的立法模式,立法机关 2018 年对该法第一百四十二条修正时增加上市公司回购的特别规定,后续应当将此类特殊规定的适用范围拓宽至在证券交易场所上市或者挂牌的公众公司。

4. 公司债券持有人的权利义务及其治理机制。公司债券系典型的证券品种,其发行与转让同时受公司法和证券法的调整。我国《公司法》第七章"公司债券"的规定已经严重滞后于债券市场的发展需要,新《证券法》在公司债券证券监管实践的基础上于第九十二条对公开发行公司债券的持有人保护做原则规定。但是,证券法对债券持有人会议和公司债券受托管理人的一体规定,忽视和混淆两法的调整界限:公司债券持有人的权利义务和责任及其会议组织,应该由公司法进行规范调整;而公司债券受托管理人是为受托管理债券而存在的,是债券市场的中介机构,应由证券法进行调整规范。[①] 公司法修订中应基于公司债券的基本法理,对于债券持有人的基本权利义务予以明确界定,并完善债券持有人会议的职权、召集程序和会议规则等重大事项的规定。在此过程中,应当对公众公司债券发行、转让、信息披露和持有人保护等作出特别规定。

5. 公司收购与重组。公司并购系与公司融资、证券交易同等重要且具有密切关系的重大议题,而因为存在活跃的交易市场公众公司的股权流动性越发突出,与此相关的股权收购和控制权转让对于公众投资者的利益影响甚巨,公司重组则涉及公司资产和业务等方面的实质变化而同样事关重大,故对二者均有必要特别规制。此外,公众公司的收购重组纷繁复杂,涉及的制度面甚广,不仅需要证券法的直接规制,也需要公司法的明确规范。当前我国对于公众公司

---

① 参见刘迎霜. 公司债券受托管理的信托法构造 [J]. 法学评论, 2020 (3)。

的并购重组,《公司法》第九章"公司合并、分立、增资、减资"和《证券法》第四章是最为重要的法律依据,但是在立法上二者各有弊端。《证券法》第四章明确限定为"上市公司的收购",导致非上市公众公司收购的法律适用不明,且对于重大资产交易未做规定,整体上证券法应对活力十足和创新不断的公众公司收购重组依然力不从心。而公司法现有公司合并分立及增资减资的规定过于简约,且对于收购重组鲜有直接规定。为此,建议对《公司法》第九章进行大幅修改,以完善公众公司收购重组的基础性制度。从实践来看,当前尤其需要尽快明确收购与反收购的决策机制特别是决策权的配置、收购重组的程序机制、收购人与控制股东及董监高在收购过程中的特别义务等内容。其中,对于类似间接收购这种不直接涉及公众公司本身股份转让的事项,证券法不宜作出规定从而形成的立法漏洞,应通过公司法的修订予以填补。[①] 此外,鉴于非上市公众公司在股权结构、收购重组等方面存在特殊性,应当授权证券监督管理机构对其收购和重大资产交易制定具体办法。

6. 信息披露。传统上,在公司法和证券法分别立法模式下,公众公司的信息披露因与证券发行交易以及投资者保护密切相关,主要由证券法律予以规范,而公司法仅做原则规定。依循此原则,我国《公司法》分别对股份公司公开募集设立的信息披露(第八十五条、第八十六条)、公开发行新股的信息披露(第一百三十四条、第一百三十六条)以及上市公司的持续信息披露(第一百四十五条)做简要规定。鉴于《证券法》对上市公司、公司债券上市交易的公司以及新三板挂牌公司的信息披露均有明确规定,根据两法衔接的基本原则,建议未来对《公司法》第一百四十五条修订时将其置于公众公司总则规定中,并将其适用范围扩展至在证券交易场所上市和挂牌交易的公众公司。此外,鉴于非上市非挂牌的公众公司涉众性相对较弱且对其投资者准入一般有更高要求,建议适当减轻其一般性的信息披露监管要求,以持续信息披露为监管重点,突出其特别风险信息的披露。

---

① 参见周伟,等. 上市公司间接收购的公司法规制——从某上市公司间接收购案展开 [M] // 郭锋. 证券法律评论(2021年卷). 北京:中国法制出版社,2021。

域外经验

论股份公司的差异化规范

——基于德国股份公司法改革

安晋城[*]

摘 要：股份有限公司如何改革，使之既能适应中型企业的治理现状，又能提供便捷的融资渠道，是公司法改革需要解决的问题。德国股份公司法经过5次改革，形成上市公司与非上市公司差异化规范格局，既加强了上市公司监管，又缓解了非上市公司监管过度局面，增加中型企业融资渠道。借鉴上述经验，我国可以在一人公司、股东会会议程序、优先认购权排除等方面对现行规定进行小幅修改，强化股份公司内部的差异化规范。

关键词：上市公司 非上市公司 章程自治 去规制化

一、引言

2019年5月，全国人民代表大会常务委员会正式启动《中华人民共和国公司法》（以下简称公司法）的第六次修改工作，预计于2021年底进行第一次草案审议，于2022年进行二次审议与修正案表决程序。在这次公司法修改中，公司类型是一件重要的议题。公司法目前将公司划分为有限责任公司与股份有限公司。其中，有限责任公司以出资额作为公司股权的基本单位，其股权转让不便，但公司治理结构简单灵活，以大量的任意性规定进行规范；股份有限公司则以股份作为股权的基本单位，股权转让简单便捷，但公司治理结构复杂严

---

[*] 安晋城，法学博士，中国政法大学民商经济法学院讲师、硕士生导师。

苛，以大量的强制性规定进行规范，明显体现强规制色彩。① 股份有限公司以股东人数众多、股东关系陌生且公司规模较大的公司为规范蓝本，但是在实践中，并非所有的股份有限公司都具有上述特点，这导致部分小型股份有限公司（如家族公司、公司集团内部的子公司）的公司治理受困于股份有限公司的严苛规定。部分企业为保持灵活的治理结构，选择有限责任公司形式，却因公司股权性质所限而无法上市吸收更多的股权资本。显然，公司法中的股份有限公司类型不适应公司治理与融资实践，需要进行改革。

在公司类型改革的背景下，如何改革公司法中股份有限公司的相关规定，使之适应实践需求？这是本文探讨的核心问题。这一改革需要在理论上摆脱股份公司强规制的传统理念。公司法的类型划分肇始于大陆法系的公司法例，明显受到德国公司法的影响。德国议会于 1994 年、1998 年、2002 年、2005 年和 2016 年对德国股份公司法（Aktiengesetz，AktG）进行 5 次修改，在股份有限公司内部形成上市股份公司与非上市股份公司的细分，与有限责任公司一起构成德国公司类型划分的三元结构。总的精神是放松非上市公司的规制，赋予此类公司更多的章程自由；反之，对上市公司的规制进一步强化。② 我国公司法与德国公司法的规范理念、规则结构与规制技巧均十分相似，基于路径依赖的原因，德国公司法的改革经验对我国公司类型的改革具有重要的启示。本文首先对德国法改革之后形成的非上市公司与上市公司的规则差异进行归纳，继而结合德国股份公司法修改的理由书对非上市公司规范的差异化与去规制化之正当性进行阐释，最后以德国法的改革启示为鉴探讨我国股份公司法的类型改革路径。

二、德国法下非上市公司与上市公司的差序格局

德国议会在 1994 年通过股份公司法修正案，③ 有意识地区分上市股份公司（Börsennotierte Akteingesellschaften）与非上市的小型股份公司（Nichtbörsennotierte Akteingesellschaften，Kleine Aktiengesellschaften），并给这两种不同的公司类型设置不同的规则，放松对非上市公司的规制，赋予此类公司

---

① 参见赵旭东.商法学 [M].北京：高等教育出版社，2018。
② 参见 Vgl. Albach/Lutter, Deregulierung des Aktienrechts: Das Drei-Stufen-Modell, Bertelsmann Stiftung 1988, S. 102f.
③ 参见 Vgl. BGBl. 1994, 1961。

更多的章程自由约定的权利，反之，上市公司的规制得以强化。① 这开启德国法区分二者的先河，此后德国有价证券法、商法典也陆续对二者进行区分，从而形成德国法下非上市公司与上市公司的差序格局。

（一）上市公司与非上市公司的区分标准

德国股份公司法第 3 条对公司上市的法律概念进行界定。有价证券法第 33 条第 2 款、股份公司法施行法第 5 条与德国商法典第 264 之 4 条也规定公司上市的概念，基本内容与股份公司法第 3 条大致相同。这些规定构成德国法区分非上市公司与上市公司的基础。根据上述规定，上市公司须同时具备如下要件：其一，该公司的股份在国家认可的交易场所交易或注册；其二，该交易场所受到严格的规制与监管；其三，公众可以直接或间接参与该公司的股份交易。

对于上述第 1 项要件，德国法并不要求股份交易现实进行或持续发生。只要公司股份在国家认可的交易场所注册，哪怕该股份长期停牌，或者私下里在其他交易场所交易，或者完全自由交易，也符合上述第 1 项要件。② 对于上述第 2 项要件，德国交易所法（BörsG）第 32 条进一步强调，只要股份交易受到监管，不管监管的主体是国家还是交易所本身，该公司都符合上述第二项要件。③ 另外，在他国具有同等监管水准的交易所上市交易的德国公司，也属于上市公司。此处的同等监管水准要求海外上市的公司受到的监管与德国监管水准大致相同，例如，在美国纳斯达克市场上市的公司就不属于德国法律上的上市公司，原因在于纳斯达克市场的监管要求显著低于美国其他证券交易所的监管要求。由此可见，德国法区分上市公司与非上市公司的核心标准不在于该公司的股份可否在市场上交易，而在于该公司股份的交易受到监管的严格程度。对于上述第 3 项要件，只要公司的部分股份在受监管的市场上注册流通，即为公众可以直接或间接参与公司的股权交易，不要求公司的全部已发行股份都以受监管的方式进行交易。④

反之，股份自由交易（Feiverkehr）的公司属于非上市公司。需要注意，

---

① 参见 Vgl. Schäfer: Besondere Regelungen für börsennotierte und für nichtbörsennotierte Gesellschaften, NJW 2008, 2536。
② 参见 Vgl. Hüffer/Koch/Koch Aktienrecht, 2021, AktG §3Rn6。
③ 参见 Vgl. OLG München NZG 2008, 755。
④ 参见 Vgl. BeckOGK/Drescher AktG 2021 §3 Rn. 6。

股份自由交易不等于完全不受监管。按照德国交易所法第 48 条，自由交易指的是，对于既未获准在受监管市场交易也未在受监管市场注册的证券，通过交易所运营商设置的、由主管部门批准的交易规则与交易条款，在保证贸易和商业交易的有序进行的前提下，经交易所批准后由当事人自主进行。其中，交易规则（Handelsordnung）规范交易过程。交易条款（Geschaeftsbedingung）规范当事人参与交易的条件和证券纳入交易的条件。自由交易是一种多边交易体制。自由交易的运作需要交易监管机构的书面许可。交易所经营者应向交易监管机构提供交易系统运作的详细说明，包括与其他多边或有组织的交易系统或其拥有的系统的任何链接，以及交易参与者名单。证券交易监管机构向联邦金融监管局提供此信息，并应其要求提供给欧洲证券和市场管理局，并请求它们颁发受监管的非官方市场许可证。交易所运营商必须确保受监管的非官方市场至少有 3 个活跃的交易参与者，每个参与者都能够与所有其他交易参与者进行互动以进行定价。交易所运营商可以要求发行人传输有关其金融工具的参考数据。如果该公司证券的有序交易不再有保障时，交易监管机构可以禁止其在公开市场交易。[①]由此可见，所谓的自由交易并非不受任何监管，而是需要监管机构的许可，受到自由交易市场的自律监管。

上述自由交易的典型形式是中小企业成长市场（KMU-Wachstumsmarkt）。证券交易所经营者可以向交易监管机构注册一个公开市场作为中小企业成长市场，前提是满足以下要求：金融工具被纳入受监管非官方市场交易的发行人中，至少 50% 是中小型公司；证券交易所运营商已为纳入受监管的非官方市场交易的金融工具制定合适的标准；证券交易所运营商将金融工具纳入监管非官方市场交易取决于在上市时发布的足够信息，以使公众能够准确评估发行人和金融工具。证券交易所经营者确保发行人在其金融工具被纳入受监管的非官方市场交易的市场上有适当的定期财务报告，特别是通过经审计的年度报告等。

（二）上市公司与非上市公司的制度差异

德国议会通过股份公司法的五次修改，建立上市公司与非上市公司的二元体系。有必要根据上述 5 次修改情况，对二者的区别进行简要梳理。

1. 小型股份公司与去规制化法案（Gesetz für kleine Aktiengesellschaften und

---

① 参见 Vgl. Deutscher Bundestag, Entwurf eines Gesetzes zur Kontrolle und Transparenz im Unternehmensbereich（KonTraG），Dr. 13/8712, S. 12。

zur Deregulierung)：① 该法案涉及三则条文。德国股份公司法（AktG）第121条第3款扩大上市公司董事会向股东大会说明的义务，说明事项必须包括参加股东会与投票的前提条件、投票程序、股东权利和会议内容；但非上市公司则无此义务。德国股份公司法（AktG）第130条使非上市公司更容易进行股东大会的会议记录。根据修改后的规定，在对股东大会的决议进行记录时，上市公司的所有决议的记录都必须进行公证，除一般事项之外，还应载明有效表决的资本份额、同意票、反对票和弃权票的数量等内容；对于非上市公司，只要不是法定的绝对多数决通过的决议，会议记录由监事会主席签字即可，只需载明开会的地点、日期、表决的种类和结果等事项，无须载明上市公司所要求的特殊事项。德国股份公司法（AktG）第186条使上市公司更容易基于客观原因排除新股优先认购权；该规定比照适用于特别决议，以排除优先股与可转换债券和收益债券的认购权。

2. 控制与透明法案（KonTraG）：② 该法案在对公司控制方面区分上市公司与非上市公司，共涉及4个条款。其中，德国股份公司法（AktG）第110条第3款规定，监事会必须每半年举行两次会议，而非上市公司的监事会可以决议，每半年举行一次会议。根据德国股份公司法（AktG）第134条，非上市公司的公司章程仍可引入最高投票权；而上市公司则不可以对股东表决权进行此类限制。德国股份公司法（AktG）第171条扩展上市公司监事会审计报告中的披露要求。根据德国股份公司法第171条第2款，监事会需要向股东大会作出书面报告，在报告中告知其以何种方式、在何种范围内对营业年度期间的公司经营情况进行审查；对于上市公司，监事会应特别说明，其设立哪些委员会，并告知其自身及其委员会召开会议的次数。德国股份公司法（AktG）第328条限制交叉持股的上市公司在监事会选举中的投票权。其表决权与分红权等股东权利最多可以行使其全部股权的25%，并且需要将交叉持股的情况通过证券交易所对外公示。但是，企业集团内部的交叉持股，属于一种正常的集团内部控制行为，不适用上述的表决权限制规则。

---

① 参见 Vgl. Gesetz für kleine Aktiengesellschaften und zur Deregulierung des Aktienrechts, BGBl. I 1994 S. 1961。

② 参见 Vgl. Gesetz zur Kontrolle und Transparenz im Unternehmensbereich（KonTraG），BGBl. I 1998 S. 786。

3. 透明与公开法案（TransPuG）：① 该法案主要涉及两项条文。德国股份公司法（AktG）第 161 条规定上市公司采用公司治理准则（Coporate Governance Kodex）的声明义务；但非上市公司无此义务。德国股份公司法（AktG）第 404 条规定对上市公司违反保密义务的更高规格的处罚。对于非上市公司，泄密行为处以一年以下徒刑或罚金，有偿、谋利或以损害他人为目的的泄密行为处以两年以下徒刑或罚金；对于上市公司，前者处以两年以下徒刑或罚金，后者处以三年以下徒刑或罚金。

4. 企业一体化与撤销法现代化法案（UMAG）：② 其中，德国股份公司法（AktG）第 123 条使非上市公司的股东更容易证明它们有权参加股东大会。按照该条第 3 款，上市公司必须由托管机构以文本形式出具持股特别证明，并在大会召开 21 天前出具，且必须在大会召开 6 天前送达公司。而非上市公司则可以由章程规定如何证明。德国股份公司法（AktG）第 149 条要求上市公司在公司公报上公布责任诉讼的情况；非上市公司则无此义务。德国股份公司法（AktG）第 248a 条规定上市公司有义务及时宣布撤销诉讼终结的情况；非上市公司也无此义务。

5. 2016 年股份公司法革新法案（Aktienrechtsnovelle 2016）：③ 该法案涉及记名股票的发行。根据股份公司法第 10 条第 1 款第 1 项，上市公司可以发行不记名股票，非上市公司发行不记名股票则需要满足特别条件。

上市公司与非上市公司的区分在证券法领域也具有重要的意义。例如，德国有价证券法第 33 条第 2 款所要求的公司行为义务只适用于上市公司；德国滥用市场支配地位条例第 7 条规定的董事交易披露义务、注册资本变更披露义务只适用于上市公司；要约收购规则只适用于上市公司；公司治理准则的准则性规定只适用于上市公司。反之，德国股份公司法（AktG）第 20、21 条的报告义务不适用于上市公司；上市公司适用有价证券法第 21 条的报告义务。另外，德国有价证券法第 15 条为德国股份公司法（AktG）第 93 条规定的保密义务和德国股份公司法（AktG）第 124 条规定的披露义务设置例外。

---

① 参见 Vgl. Gesetz zur weiteren Reform des Aktien- und Bilanzrechts, zu Transparenz und Publizität, BGBl. I. 2002, S. 2681。

② 参见 Vgl. Gesetz zur Unternehmensintegrität und Modernisierung des Anfechtungsrechts, BGBl. I. 2005, S. 2802。

③ 参见 Vgl. Gesetz zur Änderung des Aktiengesetzes, BGBl. I. 2015, S. 2565。

在金融监管方面，上市公司与非上市公司也有显著的区别。德国股份公司法（AktG）第142条、第261a条要求上市公司就任命特别审计师的人选、程序及审查报告向联邦金融监管局（BaFin）通报。德国股份公司法（AktG）256条要求上市公司将接到撤销诉讼的情事及其结果通知联邦金融监管局。非上市公司均无上述要求。

在公示义务与账簿记载义务方面，按照德国商法典第267条第3款第2句的规定，凡是上市公司皆属于大型资合公司，需履行更严格的公示义务。按照德国商法典第291条第3款第1项的规定，在账簿记载方面，上市公司须遵守更严格的要求。

三、非上市股份公司差异化与去规制化的逻辑理路

从上文的规则归纳可以看出，非上市公司与上市公司区分规范，本质上是弱化非上市股份公司的规制，强化上市公司的规制。这一做法符合当今鼓励中小企业发展、压实大型企业责任的经济政策。非上市股份公司差异化与去规制化的正当性可以从以下四个方面得以论证。

1. 区分上市公司与非上市公司才能更好地加强对公司治理的监管。德国议会在1994年对小型股份有限公司（Kleine Aktiengesellschaften）进行特殊规定，对股份公司法进行去规制化，根本目的是强化德国政府的监管能力，改善投资环境。若对小型股份公司与大型上市公司一视同仁，既可能弱化对大型上市公司的监管，又可能因过度规制而阻碍小型股份公司的发展。[①] 比如，公司法的发展要求公司监事会透明化与监事职业化，这一要求对于股东人数众多且相互不熟悉的上市公司而言十分必要，但对于股东人数较少、相互熟悉且会面频繁的小型股份公司而言意义不大。[②] 因此，放松对非上市公司的管制具有正当性。

上述逻辑论证在德国股份公司法的修改中得到充分的体现。例如，按照原德国股份公司法第110条第3款，监事会最好应该每季度召开一次，如上述频率无法实现，也必须在每半年召开一次。每年召开两次监事会的强制性规定招致许多批评。1998年，德国议会通过"控制与透明法案（KonTraG）"对上述

---

① 参见 Vgl. Deutscher Bundestag, Entwurf eines Gesetzes für kleine Aktiengesellschaften und zur Deregulierung des Aktienrechts, Dr. 12/6721, S. 5。

② 参见 Vgl. MüKoAktG/Heider, 5. Aufl. 2019, AktG § 3 Rn. 42。

规定进行修改。该法案认为,高频召开的监事会只适用于上市公司。① 由于投资者可以极方便地在市场上出售股票,当公司治理出现问题时,投资者抛出股票变现走人,反而是最理性的选择。广大投资者虽然有权参加股东会,但在实践中,他们经常将投票权委托他人行使,或者干脆放弃投票。上市公司的广大投资者对于公司经营的监督既无客观方法也无主观意愿。在这一客观背景下,若不设置强有力的监事会,公司治理将完全失控。对于非上市公司而言,公司股东经常亲自参与公司治理,监事会没有实际存续的必要,往往沦为摆设。若强行要求监事会每半年召开一次,不但没有实际意义,反而额外增加公司运营成本。

再如,按照德国股份公司法第19条第1款,当两家资合公司相互持股均超过25%,这两家公司即为交叉持股公司。交叉持股的弊端在于,两家公司通过合谋,可以达到公司自己持股的效果,从而造成资本注水,损害真正的控股股东的权益。德国股份公司法第328条对交叉持股的公司的投票权进行限制,其表决权与分红权等股东权利最多可以行使其全部股权的25%,并且需要将交叉持股的情况通过证券交易所对外公示。② 交叉持股的上述限制主要适用于上市公司,以防止大股东通过交叉持股损害中小投资者的利益。但是,企业集团内部的交叉持股,属于一种正常的集团内部控制行为,不应适用上述的表决权限制规则。

2. 有利于中型企业获得更多资本。大陆法系的公司法立法例一般将资合公司分为有限责任公司与股份有限公司,其中,有限责任公司的法律架构以小型与中型企业为规范对象,股份有限公司的法律架构以大型企业为蓝本。有限责任公司的法律规定更多的是任意性规定,而股份有限公司法则充满强制性规定。由于管制程度的差异,大量企业主更偏爱有限责任公司,很少选择股份有限公司。对此现象,有学者戏称:"有限公司法的成功,恰恰是股份公司法严格规定的结果。"③ 但有限责任公司以出资份额为股权的基本单位,出资份额在流通上十分不便,也缺少专门的交易场所供有限责任公司的股东交易股权。这种二元结构给许多中型企业公开融资带来阻碍,导致中型企业的股权资本相对

---

① 参见 Vgl. Deutscher Bundestag, Entwurf eines Gesetzes zur Kontrolle und Transparenz im Unternehmensbereich (KonTraG), Dr. 872/97, S. 39。
② 参见 Vgl. Deutscher Bundestag, Entwurf eines Gesetzes zur Kontrolle und Transparenz im Unternehmensbereich (KonTraG), Dr. 872/97, S. 67。
③ 参见 Vgl. MüKoAktG/Heider, 5. Aufl. 2019, AktG §3 Rn. 43。

不足，削弱中型企业的市场竞争力，影响中型企业工作岗位的增加，由此产生设计一种适于中型企业的股份有限公司的客观需求。德国学者很早就对有限责任公司与股份有限公司的划分进行反思，主张采用资本市场的公开投资者保护需求度重新划分资合公司类型。① 在具体方案上，有的学者提出改造现有的股份有限公司，使之适用于中型企业，且适合中型企业的发展。② 法律在利润的分配与使用、设立一人股份有限公司、简化股东大会召集与开会流程等方面，应当允许非上市股份公司进行章程自治。对于员工500人以下的小型非上市公司，应当与有限责任公司同等对待。区分上市公司与非上市公司，可以使中型企业更具发展活力。

上述论证在德国修法过程中也得到体现。比如，对于上市公司而言，在册日的股东在股东大会召开前向公司提存股票，是一种证明股东身份的常见手段。但是，对于非上市公司而言，股东在证明自己身份的问题上应当允许公司进行章程自治，③ 例如，除提存股票之外，还应当允许股东提交经过公证的股权证明。

再如，原德国股份法第121条第3款和第124条第1款规定，股东大会的召集、议程与少数股东的请求都应当在公司年报中进行公示。这一规则是以由陌生股东组成的公众公司为蓝本设计的，对于股东相互间比较熟悉的小型股份公司而言，这一规则意义不大。

3. 增加上市公司数量，改善融资环境。中型企业应当获得更加便捷的上市渠道。适应小型企业经营需求的有限公司与适应大型企业需求的股份公司在许多规则上都存在着显著的区别，有限公司为公开股权融资骤然改组为上市股份公司，极有可能给该公司的治理带来混乱，反过来抑制有限公司上市的动力。如果在上市股份公司与有限责任公司之间设置非上市股份公司作为过渡，则可以稳步改进公司的治理结构，增强公司决策者的上市决心，在制度层面改善融资环境，进而增加上市公司的数量。

非上市公司的名称极具误导性。非上市公司的股份并非不能在市场上交

---

① 参见 Vgl. Roth, Das System der Kapitalgesellschaften im Umbruch – ein internationaler Vergleich, Dr. Otto Schmidt 1990, S. 8f。

② 参见 Vgl. Albach/Lutter, Deregulierung des Aktienrechts: Das Drei-Stufen-Modell, Bertelsmann Stiftung 1988, S. 102f。

③ 参见 Vgl. Deutscher Bundestag, Entwurf eines Gesetzes zur Unternehmensintegritaet und Modernisierung des Anfechtungsrechts (UMAG), Dr. 15/5092, S. 34。

易,只是仅能在场外市场交易而已。德国设置的自由交易市场与中小企业成长市场是非上市公司交易的主要市场,但非上市公司在监管的严格程度上和公司治理的强制化程度上要弱于上市公司。质言之,非上市公司在场外市场交易给中型企业提供一个快捷融资平台,并且给非上市公司提供适应更严格监管的缓冲带。当然,很多企业在场外市场交易已经可以满足自身的融资需求,即便其已发展成为大型企业,依然停留在场外市场。这属于企业基于意思自治选择上市融资平台的自由,国家不应干预。立法者所能做的就是设计差异化的公司类型,并降低非上市公司的规制化程度,以供当事人自主选择。

4. 缓解股份公司法过度规制的局面,适应不同类型的企业的客观需求。由于股份公司法是以大型公众公司为蓝本制定的,很多严格的规定不适应小型公司。例如,根据原德国股份公司法第 130 条,公司股东大会在作出修改章程、选举董事、制定公司治理细则等决议时,必须就协商的过程邀请公证员进行记录并作出公证书认证。公证认证主要发挥证据保存的功能,在特殊情况下,公证员列席股东大会还可以发挥咨询的功能。对于公众公司而言,这一规定是有意义的。公证员对股东大会的决议、少数股东的请求以及反对进行记录,可以确保公司内部秩序的稳定,保障每一位公司成员都无法对公司的决策提出质疑。对于大型公司而言,邀请公证员开会并作出公证书认证的费用是可以承受的。对于小型股份公司而言,上述规定意义不大并且费用高昂。

再比如,德国股份公司法第 134 条第 1 款第 2 句允许章程设置最高投票权,即限制某位大股东的投票比例不得超过公司注册资本的 5% 或 10%。一般认为,这种最高投票权的条款是一种反收购措施。通过这种措施,收购人即便获得大量的股权,也只能行使 5% 或 10% 的表决权,无法改变公司原董事会与监事会的构成。也有观点认为,在股东投票权代理征集日益盛行的背景下,最高投票权可以抑制恶意的代理征集活动,还可以保护小股东免受大股东的不利影响。但对于上市公司而言,过于严格的反收购措施可能会增加公司的代理成本。最高投票权将削弱公司控股股东对公司经营管理的控制,使公司管理者有恃无恐,不仅不畏惧公司现任大股东的监督,也不畏惧潜在收购者更换自己职位的威胁,从而使公司治理改善的市场机制沦为空谈。[1] 因此,最高投票权的意义

---

[1] 参见 Vgl. Deutscher Bundestag, Entwurf eines Gesetzes zur Kontrolle und Transparenz im Unternehmensbereich (KonTraG), Dr. 872/97, S. 51。

对于上市公司与非上市公司两种不同的股权结构截然不同,应禁止上市公司章程约定最高投票权,但应允许非上市公司章程约定此项限制。

再比如,按照德国股份公司法第171条,监事会向股东大会作报告时,过去仅要求填写固定格式的、较少信息的表格。但这种报告不能充分地反映公司的具体情况,因此,该条文规定监事会必须就其决议的具体内容向股东大会汇报,在股东主动问询的情况下,还应当对公司所处的经营困境进行汇报。[①] 由于非上市公司的股东与监事联系更加紧密、交流更加频繁,并且非上市公司召开监事会的频率比较低,因此,上述规则只适用于上市公司。

再比如,原德国股份公司法第2条规定,成立一家股份有限公司必须有至少5人作为发起人在章程上签字。这一规定没有足够的合理性。发起人的数量与公司的财产水平和负债能力并不存在必然的联系,即便发起人只有一名,若拥有足够的经济实力,完全可以保障该公司拥有充足的资本正常运营。严格限制一人公司选择股份有限公司形式,反而会催生一位实控股东操纵多位傀儡股东的稻草人公司的现象。这种混乱的股权结构不利于公司权力的稳定,增加公司运营成本。一人公司由于股权结构限制,天然地无法在证券交易所上市发行,因此,一人股份公司只适用于非上市股份公司。

四、股份公司类型改革的现实路径

德国法对上市公司与非上市公司的区分规范,可以给我国股份公司类型改革带来重要的启示。我国公司法在公司类型划分上受到德国法的明显影响,参考德国法的改革经验是修法成本最低的选择。德国法反映出的差异化规范的理念不仅符合世界发展的趋势,也符合我国大力发展中小企业、压实上市公司主体责任的需求。因此,本文主张,以上市公司与非上市公司的二分为基础,对我国股份公司的相关规定进行改革,对非上市公司去规制化。

这一改革主张在我国现行法中具有现实基础,改革的成本和难度都较低。我国公司法在公司转投资、对外担保对上市公司进行特殊规定,并且在第一百二十条以下,专门规定上市公司治理,加上证监会发布的《上市公司治理准则》《上市公司章程指引》以及《非上市公众公司监督管理办法》,构成我国

---

① 参见 Vgl. Deutscher Bundestag, Entwurf eines Gesetzes zur Kontrolle und Transparenz im Unternehmensbereich (KonTraG), Dr. 872/97, S. 59。

的上市公司与非上市公司的二分体系。非上市公司的差异化与去规制化改革无须对公司法、证券法及其他相关法规伤筋动骨，只需在局部修改几则条文，进一步强化区分二者的理念。

在具体的修改内容上，应以放松对非上市股份公司的规制为主要理念。我国公司法虽然区分上市公司与非上市公司，但以有限责任公司为规范主体，股份有限公司的条文较少，且现有的条文以强制性规定为主。这一缺陷需要在本次公司法修改中得以弥补。借鉴德国法的修改经验，应对股份有限公司的部分规则予以明确，并允许非上市股份公司进行章程自治。具体而言包括以下几点。

第一，适应不同企业类型的客观需求，缓解非上市公司过度规制的局面。例如，应允许非上市股份公司以一人公司的形式设立。我国已允许有限责任公司以一人公司的形式设立，但股份有限公司仍然没有放开。事实上，只要该一人股东拥有足够的经济实力，完全可以保障公司拥有充足的运营资本。严格限制一人公司只能选择有限责任公司，严重限制当事人的营业形式自由。一人公司由于股权结构的限制，天然地无法上市发行交易，因此，一人股份公司只适用于非上市股份公司，该一人公司在进入场外市场交易之外，需要改制为非一人公司。再如，在新股优先认购权方面，股份公司的部分一直欠缺明确的规定。在本次修法时，可以明确上市公司有权基于资产增资、换股增资等特殊原因由董事会排除新股优先认购权，而非上市公司必须经过股东会绝对多数决议方可排除。

第二，区分非上市公司与上市公司，强化上市公司的监管。从德国法的改革经验来看，区分非上市公司与上市公司，主要目的是强化上市公司监管，避免过强监管殃及池鱼。我国对上市公司的监管程度还可以进一步提高，以提高上市公司治理水平，体现股份公司的差异化。例如，证监会制定的《上市公司股东大会规则》第十六条以下仅要求披露提案内容、被选举的候选人资料、会议的时间和地点等内容，但缺少参加股东会与投票的前提条件、投票程序、股东权利等事项，不利于股东了解自身的权利。再如，在会议记录方面，该规则第四十一条仅要求董事、董秘、召集人、会议主持人在记录上签名，而德国法中，上市公司被要求对记录进行公证，非上市公司可以签名。显然，公证在记录内容的真实性方面更强。

第三，简化非上市公司的融资与治理规则，增加中型企业的股权融资渠道。我国非上市公司主要依赖全国中小企业股权转让系统获得融资，虽然该系统的精选层已升级为北京证券交易所，原精选层的各项制度整体平移，精选层的挂牌公司转换为上市公司。但是，该系统的创新层和基础层仍继续保留，在这两个市场层次交易的公司仍为非上市公司。对于相关交易规则，应尊重非上市公司流通股数量较少、股东相互熟悉、公司内部治理结构简单的固有特点，简化治理规则，放松规制；同时，又要适度抬高其治理水准，以区别于有限责任公司和其他完全封闭管理的股份有限公司。具体而言，可以在董事会召开的频率、股东投票权的限制、交叉持股的规范、公司治理结构的选择、董事违信的处罚、证券交易与信息披露规则、向主管部门的报告义务等方面形成差异，为非上市公司到主板上市做好准备，为非上市公司扩大融资创造良好的制度环境。

【域外经验】

英国非上市公众公司的本原厘定与规制体系

丁亚琪[*]

摘　要：公司组织形态及分类规制原则承载公司法基本理念和制度功能的实现。我国公司类型已衍生出背离立法二元化体系的公司类型谱系，融合英美法系公司分类精神。伴随着我国多层次资本市场发展，适应公司治理和证券监管双重需要的非上市公众公司应运而生，然其法律定位和规制体系尚不清晰。本文通过梳理英国公司制度演进脉络，探究英国公司类型划分标准，总结英国非上市公众公司规制体系，以期为我国公司类型规范完善和体系建构提供参考。

关键词：公司组织形态　非上市公众公司　AIM市场　英国公司法

一、问题缘起

公司组织形态是公司法律制度构建的奠基问题和框架依托，其之下的分类规制原则不仅是公司法规范构造区分之基础，也承载公司法基本理念和制度功能之实现。[①] 就其组织功能一端，作为从私法个体到集合股东、债权人、职工等利益相关者的契约组织，公司拥有凝聚分散个体力量、增强抵御风险能力、内化外部交易成本、平衡组织成员利益等一系列制度优势，通过法定化公司类型，不仅供给可选择适用的商业组织类型，也提供风险外部识别手段。[②] 但其

---

[*] 丁亚琪，法学博士，中国政法大学法律硕士学院讲师。
[①] 参见李建伟.公司组织形态重构与公司法结构性改革［J］.财经法学，2015（5）。
[②] 参见莱纳·克拉克曼，等.公司法剖析：比较与功能的视角［M］.刘俊海，徐海燕，等译.北京：北京大学出版社，2007。

制度功能的发挥尚取决于公司组织运行的平滑程度,既包括组织内部子部分的配合,也包括与外部各类元素的磨合。公司形态对内统领组织治理结构及组织成员利益平衡,对外划定其与各私法、公法主体的责任领地,故实属核心问题。就其体系规划一端,不同公司形态对应迥然有别的治理规则,形成在组织生命始末、治理规则、资本规制等基本问题上层次性的规制体系,进而通过参照适用的立法技术解决不同类型公司法律适用问题,从而实现公司法内部的体系协调。①

沿循大陆法系的我国公司法基于股东数量和股权构成方式将公司形态二分为有限责任公司和股份有限公司,并对股份公司中的上市公司以及有限公司中的一人有限公司、国有独资公司进行特殊规定,由此形成统分结合立法模式下分类规制的体系结构。但被视为金科玉律的公司类型二分法却面临着理论和实践的双重诘问,其导致的公司分类界限模糊、制度区分不足、规范设计失范、监管适用不公、立法效用减损等问题催生公司法律形态规范结构的变革。

伴随着我国多层次资本市场发展,融合英美法系公司分类精神、适应公司治理和证券监管双重需要的非上市公众公司应运而生。《非上市公众公司监督管理办法》(以下简称《非公办法》)将非上市公众公司定义为股票向特定对象发行或者转让导致股东累计多于200人,抑或股票以公开方式向社会公众公开转让,并且其股票未在证券交易所上市的股份有限公司。从正式制度层面视之,针对非上市公司的一系列部门规章、规范性文件及交易场所自律规则实质性地重构股份公司内部格局,业已形成上市公司、非上市公众公司、非公众股份公司多层次差序规制的监管格局。②但非上市公众公司是在商事组织自然发展过程输入监管者意志因素而形成的一种特殊公司类型,其游离于我国公司法规定的组织形态二分法象限之外,在现行公司法上缺乏基本的立法定位,且无法根治我国公司类型的规范缺憾。此外,北京证券交易所已于2021年11月15日鸣锣开市,将对支持中小企业创新发展、深化资本市场改革起到推动作用。作为全国中小企业股转系统(以下简称股转系统)精选层的非上市公众公司和各项制度的整体平移,北京证券交易所上市公司将面临公司形态转换的问题,更凸显非上市公众公司研究之必要性。故如何看待"公众性"这一英美法系公

---

① 参见张辉. 中国公司法制结构性改革之公司类型化思考 [J]. 社会科学, 2012 (9)。
② 参见刘斌. 公司类型的差序规制与重构要素 [J]. 当代法学, 2021 (2)。

司元素？非上市公众公司监管体系如何架构？股转系统及北京证券交易所如何展开？均为值得思忖的问题。

现代经济的核心竞争是制度竞争，作为经济制度重要组成部分的公司法影响着一国在全球制度竞争中的表现①，公司组织形态的创新与重构也成为新一轮公司改革的核心，伴随全球公司形态改革的"妥协""默认"及"宽容"等"便宜主义"倾向②，本文将从英国公司制度入手，梳理其演进脉络，探究公司类型划分标准，总结非上市公众公司规制体系，以期为我国公司类型规范完善提供参考。

二、企业组织形态历史演进与形态界分

公司制度对我国而言是法律移植的舶来品，公司法和证券法都难觅其踪的"公众公司"则更为英美法系公司类型的独特色彩，故在具体探讨英国公司组织形式前，追根溯源厘清其发展脉络对于具化英系公司类型大有裨益。

（一）英国公司形态变迁的理性逻辑

印度公司被认为是股份公司的起源及现代公司的发端，盖因其第一次显现股东有限责任和将社会资本划分为股份的公司典型特征。③ 但此类特许公司依据皇室特许令状、国家授权行为或国会特别法案组建，其法律地位和权利义务相对异化，并非受制于公司法的普适性规定。作为政府的附属机构，此类公司背负一定的行政职能和皇室任务，缺乏经营自主权，此时公司形态区分并未萌发。随着商事实践的发展，合股公司因其无须国家特许而享有股份自由转让的特性而发展日盛，但其导致的"南海泡沫"事件引发泡沫法案（Bubble Act）的颁布，法案规定未经特许或授权而成立的类公司实体和股份转让均为非法行为。但无心插柳柳成荫，退步原来是向前，泡沫法案虽意在限制合股公司法人资格的取得，但资本主义自由竞争态势已不可逆转，合股公司身披合伙或信托等组织形式外衣延续发展，故英国议会废止泡沫法案，于1844年通过合股公司法（Joint Stock Companies Act），首次确认公司法人资格，随后1855年通过有限责任法（Limited Liability Act）和1856年合股公司法明确规定有限责任原则

---

① 参见范健. 制度竞争下的中国公司法改革［J］. 法治研究，2019（3）。
② 参见赵忠奎，周友苏. 整合与扩容：公司组织形态变革的本土路径［J］. 社会科学研究，2019（1）。
③ 参见F. 卡尔卡诺. 商法史［M］. 贾婉婷译. 北京：商务印书馆，2017。

的广泛适用，故公司由此呈现无限公司与有限公司的形态分野。

随后，英国公司制度高歌猛进。1862年公司法（*Companies Act*）新增保证有限公司（Company Limited by Guarantee）以丰富公司类型，满足投资者异质化需求。随着有限公司规模的分化，其单一形态已无法满足不同规模公司对治理和资本结构的不同要求，故1908年公司法就公司内部的权利义务及组织架构进行结构区分化规制，形成私人公司（Private Company）与公众公司（Public Company）的形态区分。① 其后，英国公司法为内化欧盟公司法指令和呼应商事实践发展，历经多次修改，最终形成2006年公司法（*Companies Act 2006*，以下简称 CA 2006）秉持"小公司优先（Think Small First）的公司形态多元化的立法构造。②

通过简单梳理可发现，公司组织形态源于商业实践，在完成法律理性确认和国家意志融合后形成公司法律形态，并在商业实践中不断地优化改良与修正完善，公司形态区分是在公司获得法人人格且历经多次分化后显现，且形成从"责任区分"到"结构区分"的跨越式演变。③

（二）英国公司法律形态区分

英国公司法依据不同区分标准对公司类型进行基本划分。首先，CA 2006第3条按照股东承担责任方式的不同，区分有限责任公司（Limited Companies）和无限责任公司（Unlimited Companies）④两种形式。依据英国公司法第3条规定，如公司成员责任承担无任何限度，则此类公司为无限责任公司，如公司宪章规定成员责任的限度（或以股本为限，或以保证为限），则此类公司为有限责任公司。其次，第3条按照责任承担的依据，进一步将有限公司划分为股份有限公司（Company Limited by Shares）和保证有限公司（Company Limited by Guarantee）。⑤ 如果公司以股东认缴的股份为限承担责任，则为股份有限公司。倘若不设股份，而是以其成员提供的在公司清算时承诺承担责任为基础而设立

---

① 参见 Paul L. Davies, Gower and Davies's Principles of Modern Company Law, Seventh Edition, Sweet & Maxwell, 2003, pp.8-9。
② 参见 Robert Goddard, Modernizing Company Law: The Government's White Paper, 66 The Modern Law Review 402, 411 (2003)。
③ 参见赵吟.我国公司法律形态改革的"三化"命题 [J].西南民族大学学报（人文社科版），2015 (7)。
④ 参见 Companies Act 2006 s3 (1), (4)。
⑤ 参见 Companies Act 2006 s3 (2), (3)。

的公司，则为保证有限公司，保证有限公司一般仅限于慈善目的或者非营利活动，其既隔离个人与组织的责任，又可保证成员流动的自由。①

再者，CA 2006 第 4 条区分私人公司和公众公司。私人公司，是指除公众公司外的任何公司。公众公司，是指具有实收资本的、在公司章程中载明为公众公司的股份有限公司或者保证有限公司，且公众公司必须依法登记。② 其二者区分在于：（1）外观标识层面，公众公司须标明 "Public Limited Company" 或者 "Plc"，私人公司则标明 "Limited" 或者 "Ltd"。③（2）私人公司的股份不能向社会公众发行，也不能上市交易。公众公司的股份可以向社会公众发行，如果符合上市要求，则可上市交易。④（3）私人公司无最低注册资本要求，而公众公司有最低 5 万英镑（或等额欧元）的资本要求。⑤（4）相较于公众公司，私人公司在公司治理层面的要求有所放松。如简化公司决策程序，允许常态化公司书面决议，私人公司无须再配备公司秘书等。⑥ 资本维持方面的要求也较低，如股份回购限制取消、私人公司在减资时可由公司董事作出偿债能力声明而无须法院裁定等。⑦

针对私人公司和公众公司的形态区分，需明确两个问题。第一，英国奉行一元制公司体系，即私人公司和公众公司都属于股份公司，虽存在上述种种差异，但其股东权利表现形式均为"股份"，从而区别于我国二元制公司体系下股份与份额的区分。第二，此分类形态与上述按照责任形态进行的公司类型区分不存在归属或者包含关系。易言之，私人公司并非仅仅对应我国封闭性较强的有限责任公司，其可与各种责任形态搭配而形成不同的公司类型：私人无限责任公司、私人保证有限公司，私人股份有限公司。故此类公司形态区分为独立的二分法，私人公司与公众公司涵盖完整的公司类型，有限责任与无限责任的区分也同样形成完整的公司外延范畴。

因此，英国法象限下的公司法律形态依据不同的标准，形成闭合的公司类

---

① 参见 Paul L. Davies, Gower and Davies's Principles of Modern Company Law, Seventh Edition, Sweet & Maxwell, 2003, pp. 8-9。
② 参见 Companies Act 2006 s4。
③ 参见 Companies Act 2006 s58, s59。
④ 参见 Companies Act 2006 s755。
⑤ 参见 Companies Act 2006 s763。
⑥ 参见 Companies Act 2006, s270。
⑦ 参见 Companies Act 2006, s642, s644。

别，但不同标准区分下的公司形态可组合形成复合状态的公司法律形态，且不同形态之间可进行转化，公司法第七部分规定私人公司与公众公司之间的类型变更程序，如在符合公司资本规定、达成公司特殊决议和满足相应申请文件等基本要求前提下，私人公司即可变更为公众公司，彰显极大的灵活性和自治性。①

三、非上市公众公司概念厘定与法律规制

（一）非上市公众公司概念厘定

在界定何为非上市公众公司之前，需先明晰何为公众公司。虽上文从其构成元素与私人公司的区分入手，描绘出关于公众公司的大致轮廓，但立法却始终未能划定明确的概念内涵与外延。这一方面与英美法系的立法技术偏好有关，另一方面则事涉英国股东会中心主义传统下的深厚契约自治精神，故英国法象限下的公众公司主要是指设立时载明其为公众公司的股份有限公司，更多地取决于公司的意思表示。② 作为对比，美国公司法语境下的封闭公司与公众公司却不形成完整的公司体系闭环，不作为逻辑性的相对概念存在。美国的封闭公司是指公司法层面以"公司化合伙"形式运行的公司，或者根据州公司法规设立的法定封闭公司，其另一个条件是证券法层面上公司股权、证券不在市场上交易。③ 而对于公众公司的认定是从事实层面和法律层面进行双重衡量的。事实层面是指那些在公司资本额、总资产规模、股东人数等指标上符合大型公司的要求而因其"公共性"成为"事实公众公司"的股份有限公司。④ 法律层面则是体现在公司法层面公司章程中不禁止或股份自由流转和证券法层面股票的公开发行或公开转让。⑤ 除二者之外还存在大量的第三类公司。正如有学者指出："虽然我们认为公众公司与闭锁公司属于不同的公司形态，但与此同时，我们也认为其实这种界限远远不够清晰。"⑥ 故英美两国并未就公众公司形成统

---

① 参见刘斌. 公司机构设置的组织法逻辑与改革路径 [J]. 法律适用, 2021 (7)。
② 参见洪艳蓉. 公众公司制度机理与新三板市场改革 [J]. 多层次资本市场研究, 2019 (1)。
③ 参见刘斌. 公众公司的公司法地位再审视 [J]. 法学杂志, 2021 (7)。
④ 参见陈颖健. 事实公众公司制度研究 [J]. 证券市场导报, 2016 (4)。
⑤ 参见洪艳蓉. 公众公司制度机理与新三板市场改革 [J]. 多层次资本市场研究, 2019 (1)。
⑥ 参见弗兰克·伊斯特布鲁克, 丹尼尔·费希尔. 公司法的经济结构 [M]. 张建伟, 罗培新译. 北京：北京大学出版社, 2019。

一定义，二者区分混合立法指引、合约设计和司法甄别等多种原则，① 在形态区分上表现得更为灵活实践，会根据公司组织的发展和股东的意思表示而进行动态调整。

在此基础上的非上市公众公司则更多地与资本市场相连。公众公司中既存在上市公司，也存在非上市的公众公司，易言之，上市公司均为公众公司，但非所有公众公司均为上市公司。英国公司法制度上的非上市公众公司是与证券交易场所紧密相关的概念，即除上市公司之外的所有公众公司，或因客观未达到上市标准，或主观拒绝交易所上市，其股票在不同形式在主板之外的交易市场进行交易，抑或保持适当的封闭性，均为非上市公众公司。由此可见，英国法象限下的非上市公众公司在公司组织形式、资本构成、封闭程度、股份流转等层面呈现的差距不啻天渊，不可与我国非上市公众公司的概念意涵一概而论。

（二）非上市公众公司的规制体系

在股东保护层面，证券法和公司法都扮演着投资者保护者的角色。证券法因其交易法的属性，侧重对投资者交易决定的保护，即证券法保护的是"交易者"。而公司法则保护交易决定作出后、身份转变为公司所有者的主体利益，故公司法保护的是"所有者"。② 在资本市场的运行中，自发秩序的失灵导致证券市场运行效率与投资者保护之间龃龉不断，而证券法则通过一系列强制性规则的设定，固化双方的权利义务，从而微观降低交易成本，宏观避免系统性风险。故公司法的规范重心系于公司治理与资本制度，证券法的规范重心则在于信息披露、投资者保护等监管规则。③ 因此非上市公众公司法律规制可从公司法层面和证券监管层面展开。

首先，与我国如火如荼开展的非上市公司规制研究不同，英国公司法立法界和理论界对非上市公司始终保持着一定程度的理性缄默，究其根本是其民主政治涵摄之下的以股东积极主义为基础、以中小股东保护为核心价值、以股东

---

① 参见王延川，董国彦. 公司类型的趋同性及结构性改革 [J]. 上海政法学院学报（法治论丛），2021（2）。
② 参见 James J. Park, Reassessing the Distinction Between Corporate and Securities Law, 64 UCLA Law Review (2017), p.116。
③ 参见刘斌. 公众公司的公司法地位再审视 [J]. 法学杂志, 2021（7）。

会中心主义为特征的公司治理模式在发挥影响。① 法的生长和发展的历史逻辑在于理性的法总是同既定社会形态中的经济条件、政治体制、风俗习惯等因素相互促进和钳制。② 英国作为资本主义市场经济的发源地和自由主义意识形态的大本营，其对契约自由的坚守和民主传统的尊崇形成其股东会中心主义基础。立法者秉持股东为公司至高权利者观点，认为政府没有天然的合法性和正当性干预公司运行，故立法和司法都保持对于公司干预的极大克制。英国公司法并无我国公司法有关股东权利的明示条款，但其通过契约自由的方式授予股东自行决定其行为边界的权利，允许公司根据自身特点在公司章程与股东协议中拟定符合公司利益的个性化条款，甚至是权利分配规则条款。英国公司法第542条和第544条更是进一步明确规定股份本质为其成员的私有财产，股份面值及转让等事项均由公司股东决定。③ 其次，长期保守党执政下对于自由经济的崇尚也使立法者更为看中公司的自治规范，除对上市公司等对于公共利益有重大影响的公司类型给予特殊关照之外，其他类型的公司均可在不影响社会利益的前提下自由参与市场竞争。故在股东中心主义和股权视为个人财产的基础逻辑下，公司法给予非上市公司极大的自治空间，辅之以完善的普通法和衡平法股东权利救济体系，如不公平损害救济、派生诉讼、信义义务等，即使出现问题纠纷，也有司法坚守最后的防线。如此这般，非上市公众公司专门研究既无必要性，也无特殊性，故在公司法层面不存在针对非上市公众公司的专门规制。

其次，除封闭性较强、股票非公开交易的非上市公众公司之外，还存在一类利用公开自由的场外交易市场进行资本募集与退出的非上市公众公司类型，此类公司的规制重心则在于监管规范而非组织法规范，具体监管规则取决于此类公司进场交易的交易市场相关规则要求。与我国相异，英国没有统一的证券法，证券发行和交易行为散见于不同法规。英国资本市场的监管体系呈现以证券交易所为核心的政府、证券交易所和行业协会三足鼎立之势，与公司自治旨趣相映生辉的是其自律管理型监管模式，相较于政府采用直接手段对证券市场进行宏观规制的监管模式，依靠交易所和行业协会制定的管理条例和业务规则

---

① 参见张弛. 英国公司治理中的股东会中心主义——立法、判例与借鉴 [J]. 中国证券期货，2019（4）.
② 参见孟德斯鸠. 论法的精神 [M]. 许明龙译. 北京：商务印书馆，2012.
③ 参见 Companies Act 2006, s542, 544。

则是更优路径，从而构建起证券市场的针对性、差异化微观管理。

按照英国多层次资本市场的设置，顶层为遵循欧盟法规的欧盟监管市场（Regulated Markets），主要包括伦敦证券交易所（以下简称伦交所）主板市场、NEX交易所主板市场和伦敦泛欧交易所。第二层面为自律监管市场，主要包括伦交所另类投资市场（AIM）、伦交所专业证券市场（PSM）等。第三层面为场外市场，包括各种有组织的交易平台（OTF）等。① 在我国，与非上市公众公司紧密相连的证券交易场所为全国中小企业股转系统，其对标英国AIM市场。从组织结构看，英国采用场外市场场内化的方式，在场内高级交易所设立服务中小企业的场外板块，即在伦敦证券交易所内部设立另类投资市场（AIM）。从功能定位看，AIM属于交易所监管市场（Exchange-Regulated Markets）②，此类交易所以保持监管灵活度、满足中小型、成长型企业的IPO和后续持续融资需求为目标。③ 相较于伦交所的主板市场，AIM有如下特色。

（1）严格区分上市与交易，程序更为简化。在伦交所主板上市需要两步程序，即上市加交易的双重批准。首先，隶属于英国金融行为监管局（FCA）的上市监管局UKLA（UK Listing Authority）负责审查上市文件是否符合上市规则（Listing Rules），如符合要求即核准证券上市；其次，伦交所负责核准在其市场进行证券交易（Trading）。而在AIM挂牌交易的公司证券不属于上市证券，因其非上市证券之本质，故仅需要满足交易所核准同意即可。

（2）践行分类监管与差异性信息披露理念，降低非上市公众公司负担。多层次资本市场设置目的之一即为实现不同交易所的分离均衡，满足不同发行主体的异质性需求，监管规制的强度和信息披露的严格程度为投资者考量的重要因素之一。相较于主板上市公司面临着较高的信息披露要求，场外市场的信息披露义务主要来自市场的自律规则，其面临较少的强制披露要求。除此之外，AIM在监管制度方面也更为宽松灵活。如在主板市场上市的公司，其公司的收购、关联交易等重大交易行为需经股东会批准，而在AIM市场挂牌的企业除反向收购或导致根本性改变的重组交易，以及达到一定标准的重大交易以外，绝

---

① 参见侯定海，佟萌，等. 伦交所多层次资本市场体系建设与交易启示 [J]. 多层次资本市场研究，2019（1）。

② 除此之外，还有"苗圃型"初级交易所（Feeder）、行业型交易所，各主要交易所的定位有所不同。

③ 参见徐文鸣，陶震. 反思多层次资本市场的分层逻辑——基于初级证券交易所的跨国比较研究 [J]. 政法论坛，2021（4）。

大多数交易无须经股东大会批准以及公告。①

（3）准入门槛较低。就企业一端，AIM仅要求主营业务为对外投资的申请企业的股本总额大于0.27亿元。② 就投资者一端，AIM市场并不存在基于投资者保护的目的而设立的投资者适当性标准，AIM对投资者未设置任何投资门槛，接纳任何财务层次的个人及机构投资者。

（4）行业自律作用更为突出。AIM实行的是以"终身保荐人"为核心的监管制度，AIM公司需要始终聘请保荐人，保荐人负责对其公司进行指导，从而防止违规行为，满足AIM的各项规则制度。③

四、检视与镜鉴

首先，公司形态诞生于商业实践，经法律理性确认后成为法定形态，并在商业实践的检验和变化下，进行着自我演进与立法偏离。我国现行公司类型二分法框架无法满足多层次资本市场发展下的流动性要求，股份公司已衍生出具有不同流动性的谱系类型。资本市场中部分公司因缺乏公司法与证券法相应规制，又欠缺形成投资者保护与公司运行效率和谐平衡的"自发秩序"，故面临着发展失衡与规制失当之窘境，涉及公众投资者的公开发行或者公开交易的"公众性"因素在我国公司法中难觅踪影。因循证券监管路径，将"公众性"因素导入公司体系内部，形成上市公司、非上市公众公司和非公众股份公司差序格局，形成对于股份公司的实质性二次分类，并适配差异化立法，廓清非上市公众公司与其他公司的规范体系差异，有助于实现我国公司形态体系重构。

其次，公司形态立法的主要目的在于选择供给和节约成本，为投资者追求合理回报提供组织形式上的辅助与激励。从英国公司形态立法可管窥其对于强制性规范使用的克制，其立法逻辑在于为投资者提供克服其个体理性局限和方便适用的形式范本，而对公司的管理和规制并不是立法首要目的。故公司法应在妥善分类、差别立法的前提下，增加柔性规则供给，便利不同公司类型之间的转换，以期提升公司法律规范的选择性与适应性。此外，与资本市场紧密结

---

① 参见AIM业务规则第14条、第15条。
② 参见徐文鸣，陶震.反思多层次资本市场的分层逻辑——基于初级证券交易所的跨国比较研究[J].政法论坛，2021（4）。
③ 参见李博.英国场外交易市场的发展及特点[M]//高峦.中国场外交易市场发展报告（2009—2010）.北京：社会科学文献出版社，2009。

合的公众公司监管实现从公司法向证券法的"权力交接"。在证券法尚不完备时代，有关公众公司的管理单向度依赖公司法制度供给，伴随新证券法引入"国务院批准的其他全国性证券交易场所""证券交易场所""其他全国性证券交易场所"等概念，新三板市场相关主体及行为纳入证券法的射程范围之内。故公司法在公众公司规制层面已呈式微之态，将更多地依赖证券法中的相关规则对公众公司进行调整和监管，故公司法与证券法之间要妥善分工，并加强衔接与配合，打好组合拳，实现张弛有度、宽严相济的规制格局。

再者，非上市公众公司介于上市公司与封闭性较强的非公众股份公司之间，面临着封闭性与公众性、内部公司治理与外部市场规则的融合协调问题。英国自律监管模式下的灵活性与适应性造就蓬勃发展的多层次资本市场与证券交易，AIM市场在自由活泼的规则体系中澎湃发展。然而监管模式这座冰山的水面之下是更为庞大的意识形态、文化格局和政治经济的冰山质地，其在漫长的演变中，在历次的市场波动和监管调整中形塑当下的自律监管模式。而我国新三板市场有其特定的历史背景和运行机制，加之北京证券交易所对原股转系统精选层的抽离，亟须妥善建构符合我国国情的非上市公众公司制度。故应形成具有本国特色的自律监管与行政监管双轨并行的监管体系，在完善其自律监管职能的同时，强化行政监管和刑事处罚，形成投资者保护与证券流动之间的平衡。此外，多层次规则体系的建设也有助于非上市公众公司的发展。主板市场到场外市场的资本市场结构应体现差序规制的格局，市场准入规则、信息披露规则、公司治理规则应体现灵活性安排，避免不必要成本产生。

"法律必须是稳定的，但不可一成不变"①，理性市场主体会在成本收益的分析范式之下以效益最大化为目标来满足其自利性需求，商事实践日新月异，经济创新层出不穷，利用公司法修订和北京证券交易所建立的契机，促进公司组织形态的演变、证券监管体制的进化和多层次资本市场的发展，以实现法律与社会的良性互动和市场主体规范体系要素的构建，是我国新经济形态下重要的改革面向。

---

① 参见 Jean Beetz, "Relections on Continuity and Change in Law Reform", 22 University of Toronto Law Journal 129 (1972). 转引自 E. 博登海默. 法理学：法律哲学与法律方法 [M]. 邓正来译. 北京：中国政法大学出版社, 2010。

美国报告公司制度研究

陈 希[*]

摘 要：随着我国多层次资本市场体系的发展，非上市公众公司的监管问题受到越来越多的关注。美国非上市公众公司的监管主要通过报告公司制度实现，报告公司制度以信息披露为核心，具有监管统一化、信息分层化、注册便捷化和边界明确化等典型特征。对比美国，我国非上市公众公司的监管制度存在监管模式重叠，监管层级偏低，监管标准僵化等问题，因此，深入了解和分析美国的立法和司法经验对我国监管制度的完善具有重要借鉴意义。

关键词：报告公司 非上市公众公司 场外市场 信息披露

报告公司制度（Reporting Company）是美国证券法律体系的重要组成部分。报告公司所包含的公司类型既有上市公司，也有非上市公众公司，这两种类型的公司在美国证券交易委员会（以下简称SEC）的监管下履行报告义务和信息披露义务。我国2013年实施的《非上市公众公司监督管理办法》（以下简称《管理办法》）明确提出非上市公众公司的概念，由此，我国的证券法上实质上也出现上市公司与非上市公众公司的分类。2021年以来，我国新三板市场挂牌公司累计成交金额达到1010亿元，突破千亿元大关，非上市公众公司在我国的证券市场上扮演着越来越重要的作用。

本文以美国的报告公司制度为分析对象，梳理报告公司制度的历史演进、内在构成以及监管特征，希望在总结其经验的基础之上为我国非上市公众公司监管制度的完善与发展提供有益参考。

---

[*] 陈希，法学博士，中国政法大学法律硕士学院讲师。

一、报告公司制度的确立与发展

根据美国《1933年证券法》（以下简称《证券法》）和《1934年证券交易法》（以下简称《证券交易法》）的规定，符合特定条件的公司必须向SEC注册和报告并接受其监管。基于其负有的报告义务，这些被纳入SEC监管范围的公司被称为报告公司。《证券法》和《证券交易法》设立报告公司制度的主要目的就是将涉及公共利益的公司纳入SEC的监管范畴，以提升市场透明度和减少市场欺诈行为的发生。由于具有公众性的特征，这些公司也被称为"公众公司"（Public Company）。①

（一）报告公司制度的确立

报告公司制度的确立经历三个重要阶段。在此过程中，报告公司的范围逐渐扩大，并形成报告公司制度的基本格局。最初被纳入报告公司体系的是股票在全国性证券交易所公开交易的公司，由于此类公司涉及公众利益，为保证交易安全，《证券交易法》在12（d）条中规定此类公司必须进行股票注册，并承担持续性信息披露等义务。② 由此，上市公司被纳入SEC的监管范畴。但与此同时，仍有部分公司虽然没有在证券交易所公开交易，却在场外市场上公开发行，SEC对于此类公司的监管处于真空状态。为弥补这一立法漏洞，1936年，《证券交易法》在15（d）条中规定，按照《证券法》注册公开发行的公司需要履行股票注册和报告义务，对在全国性证券交易所以外从事公开发行的公司进行监管，报告公司的范围进一步扩大。③ 尽管如此，随着证券交易日益频繁，越来越多的公司活跃在场外市场，仍有部分公司虽然没有涉及公开发行或者公开交易行为，却因为自身庞大的股东或者资金规模而与公众投资者利益密切相关。为防止公众利益受到侵害，1964年，美国国会在《证券交易法》中加入12（g）条，规定在会计年度的首日，资产超过1000万美元，并且在册股东达到或超过500人的公司应注册，并履行信息披露义务。④

（二）报告公司制度的发展

报告公司的基本格局形成之后，美国又陆续出台多部法规，通过扩大报告

---

① 参见刘鹏，龙军，刘格菘. 美国公众公司监管制度及启示［J］. 西南金融，2014（4）。
② 参见Sec 12（b），Securities Exchange Act of 1934。
③ 参见Sec 15（d），Securities Exchange Act of 1934。
④ 2012年颁布的《工商初创企业推动法案》（JOBS法案）对这一标准进行修改。

公司的范围进一步加强对证券市场的监管,其中,加大对场外市场的监管力度是关键的一步。场外市场是证券市场的重要组成部分,2000 年以前,OTCBB(场外柜台交易系统)是场外市场上的绝对主力。为规范场外市场上绝对自由的乱象,1999 年,SEC 通过《OTCBB 报价资格规则》(OTCBB Eligibility Rule)对 OTCBB 进行调整,要求所有在 OTCBB 报价的证券依据《证券交易法》向 SEC 注册并提交财务报告。这一举措导致大量公司为规避报告义务而退出 OTCBB,也成为 OTCBB 走向衰落的起点。

2002 年,在安然、世通等公司的财务丑闻相继曝光之后,为加强对投资者利益的保护,美国国会通过《萨班斯—奥克斯利法案》(以下简称《萨班斯法案》)针对报告公司的财务制度提出更高的监管标准,要求报告公司实时披露公司重大变化的相关信息,缩短主要股东或高管股权变更的信息披露时限,在年度报告中加入内部控制报告,并聘请独立审计机构对报告进行鉴定。[①] 以上要求给报告公司带来巨大的监管合规成本,并引发企业融资不畅,企业首次公开募股(IPO)数量下降,上市公司退市,就业岗位减少等一系列连锁反应。[②]

为扭转这种趋势,次贷危机之后,当时的美国总统奥巴马分别于 2010 年和 2012 年签署《多德—弗兰克华尔街改革和消费者保护法案》(以下简称《多德—弗兰克法案》)和《工商初创企业推动法案》(JOBS 法案),前者在《萨班斯法案》中增加一条 404(c)条款,限定内部控制报告的适用范围,大大降低中小规模报告公司的合规成本;后者对《证券交易法》12(g)条中报告公司的标准进行调整,在保留 1000 万美元的资产标准不变的前提下,将触发注册的股东人数从 500 人提高到(1)达到或超过 2000 人或(2)非合格投资者人数达到或超过 500 人,[③] 这一规定提高报告公司的门槛,将大量小企业从强制性报告义务之中解脱出来,减轻信息披露负担,并增强融资灵活性。

综上所述,随着证券市场的发展演变,报告公司范围和标准也在不断调整:从 1934 年报告公司制度确立,直至 2010 年《多德—弗兰克法案》颁布之前,报告公司制度总体上都呈现范围不断扩大,标准逐渐严苛的特点,其目的就在于加强证券市场的透明度,保护证券投资者的合法权益。然而,实践的经验证明过于严苛的监管体制会禁锢资本扩张的步伐。因此,2010 年和 2012 年

[①] 参见杨郊红. 美国上市公司信息披露制度的变迁及启示 [J]. 证券市场导报,2005 (4)。
[②] 参见张晓艳. 美国 JOBS 法案分析 [J]. 金融会计,2015 (5)。
[③] 参见陈颖健. 事实公众公司制度研究 [J]. 证券市场导报,2016 (4)。

颁布的《多德—弗兰克法案》和《JOBS 法案》开始对报告公司进行松绑，以降低报告成本，减轻企业负担，刺激证券市场的活力。目前，美国的报告公司体系包含以下三类公司：（1）股票在全国性证券交易所（包括 OTCBB）公开交易的公司；（2）公开发行证券的公司；（3）资产规模和股东人数达到一定标准的公司。① 根据《证券交易法》12（g）规定，不符合上述条件的公司也可以自愿注册成为报告公司。因此，对于上述三类公司，SEC 强制要求它们进行强制注册，并实施以信息披露为核心的监管；而对于此外的情形，是否注册为报告公司取决于公司的自由选择。②

二、报告公司的监管路径

SEC 对报告公司的监管主要包含注册和信息披露两个部分，其中注册是前提条件，信息披露是核心内容。

（一）注册要求

美国证券法体系中包括两种不同的注册，分别是《证券法》和《证券交易法》下的注册，前者主要针对证券销售行为，后者主要针对达到一定条件的证券本身。③

根据《证券法》第 5 条规定，除豁免情形以外，任何销售或推销证券的行为都必须向 SEC 注册。如前所述，美国的报告公司体系下主要包含三类公司，其中公开发行证券的公司需要依据《证券法》进行注册。《证券法》下的注册并非简单的程序性备案，注册必须得到 SEC 审核同意之后才能生效。发行公司通过表格（Form S-1）的形式向 SEC 提交注册说明，披露信息的内容包括发行公司的发行信息、经营状况、财务信息和公司治理情况等十余项，以上信息也构成报告公司初始信息披露的主要内容。SEC 在收到发行公司的注册说明后，会按照其内部标准决定是否对注册申请进行审查，对于决定审查的注册，SEC 会根据审查标准反复提出修改意见，并要求发行人提交修正，直至发行人纠正所有缺陷（Deficiencies）后方可宣布生效。④ 注册审查的内容仅针对发行人的

---

① 参见杨喆，汪敏达. 非上市公众公司监管制度：现状、问题及展望 [J]. 证券市场导报，2016 (3)：69-70。
② 参见黄爱英. 我国非上市公众公司的立法研究 [J]. 北方民族大学学报（哲学社会科学版），2019 (2)。
③ 参见卫光钦. 借鉴美国经验逐步完善发行审核机制 [J]. 中国证券报，2011-04-12。
④ 参见沈朝晖. 证券法的权力分配 [M]. 北京：北京大学出版社，2015。

信息披露情况，而不涉及注册企业及其证券的实质，也就是说通过注册审查并不意味着监管部门对证券本身的质量作出保证。监管机构只负责要求注册企业进行完整准确的信息披露，以保障信息渠道的通畅，减少注册企业与外部投资者之间的信息不对称，而证券实质投资价值几何则交由投资者自主作出判断。①实践中，SEC注册往往耗费大量时间成本，正因为如此，许多企业会想方设法满足SEC规定的豁免条件以规避注册义务，降低融资成本。

《证券交易法》下的注册主要针对公开交易和股东、资产规模达标的报告公司。根据《证券交易法》第12条以及第15（d）条规定，公开交易和股东、资产规模达标的报告公司也通过提交表格（Form 10）的形式进行注册，相比于发行注册，该注册往往在提交后一段时间内自动生效。此外，已完成《证券法》注册的公司，也需要进行《证券交易法》下的注册，但这一注册程序更为简单，公开发行的公司只需要在申请《证券法》注册的同时提交一页纸的Form 8-A即可。② 相较于《证券法》下的注册，《证券交易法》下的注册不管是从信息内容还是注册程序上都要简化许多，这是因为《证券交易法》下注册的主要目的不在于信息的披露与审核，而在于通过注册触发报告公司的信息披露义务。

（二）信息披露

信息披露制度是报告公司监管的核心。证券信息披露制度起源于1844年英国的股份公司法，但作为完整法律制度的确立发生于美国。美国《证券法》和《证券交易法》分别对初始信息披露和持续信息披露作出规定，在此基础上，SEC颁布各类相关条例（Regulation）从各个方面、各个环节对报告公司的各类信息披露作出详尽规定。③ 此外，为提高信息披露的效率，SEC还引入表格化和电子化报送方式。SEC以表格形式将信息披露的格式与内容标准化，设计年度报告表（Form 10-K）、季度报告表（Form 10-Q）和重大事件报告表（Form 8-K）等针对特定信息披露的专用表格。④

初始信息披露的内容与要求在发行注册部分已经有所介绍，在此不再赘

---

① 参见杨喆，汪敏达．非上市公众公司监管制度：现状、问题及展望［J］．证券市场导报，2016（3）：69-70。
② 参见美国证券法101：证券注册究竟是怎么回事？［EB/OL］．https：//www.sohu.com/a/370236010_667897。
③ 主要条例有S-K，S-X、S-T、S-B等，各自规制不同的领域。
④ 参见李建伟，潘巧红．英美非上市公众公司信息披露制度及其启示［J］．中州大学学报，2010（8）。

述，以下重点介绍报告公司的持续信息披露义务。美国《证券交易法》确立证券市场的持续信息披露制度，根据该法第13、14和15（d）条的规定，发行公司持续信息披露主要包括定期报告（Periodic Report）和临时报告（Current Report）。其中，定期报告又包括年度报告和季度报告，年度报告以填写10—K表格的方式完成，内容与初始信息披露类似，主要由四个主要部分组成：（1）经营描述、风险因素、资产描述、法律诉讼等；（2）财务状况、股票信息等；（3）董事、高管的薪酬及持股情况；（4）证据及财务报表清单。① 季度报告的事项与年度报告内容大致相同，只是相对略有简化。临时报告也称重大事项报告，是指公司在控制权、重要资产、股权结构、公司治理等事项发生重大变化之时，通过提交8-K表格的方式完成的报告。此外，报告公司还需履行大额持股信息披露义务。《证券法》和《证券交易法》也对违反信息披露有关规定所应承担的法律责任做出具体规定。

美国证券市场上的报告公司千千万万，各个公司的规模大小、盈利能力和发展进程也各不相同。根据《证券法》和《证券交易法》的规定，所有报告公司都应当承担信息披露义务，但如果不同规模的公司都被要求"一刀切"地承担相同的义务显然是不合适的。为解决这一问题，自2002年起，SEC开始实施报告公司分类制度，对不同类型申报人规定不同的披露时间。SEC将报告公司分为大型加速申报人（Large Accelerated Filer）和加速申报人（Accelerated Filer），这一分类参考多项因素，但主要以公司流通市值为标准：公司流通市值在7亿美元以上的为大型加速申报人，在7亿美元以下7500万美元以上的是加速申报人。二者提交年度报告的时间分别为报告涵盖的会计年度结束后60天和75天，其他报告公司则为90天；大型加速申报人和加速申报人提交季度报告的时间均为报告涵盖的会计季度结束后的40天内，其他公司则为45天内。由此放宽小公司的报告时限，减轻信息披露的时间压力。②

报告公司的分类制度虽然根据公司规模的不同调整报告的时限，但不同公司信息披露的内容却没有显著区别。为进一步给中小企业松绑，SEC多次出台专门条例针对小规模企业的财务报告和其他信息披露要求进行简化。2008年，

---

① 参见刘鹏. 资本的涅槃：美国场外市场与我国新三板启示［M］. 北京：中国金融出版社，2013。

② 大型加速申报人与加速申报人提交季度报告的时间为报告涵盖的会计季度结束后的40天以内；小型报告公司为45天以内。

SEC 对相关规则进行统一整合，并发布小型报告公司制度（Small Reporting Company），规定流通市值小于 7500 万美元或无法计算流通市值且收入小于 5000 万美元的公司为小型报告公司。小型报告公司虽然也要与普通报告公司一样进行的披露信息，但披露的信息内容和项目可以相对更加灵活和简化。① 2018 年，SEC 通过修正案将小型报告公司的上限标准提高至流通市值小于 2.5 亿美元，或无法计算流通市值且收入小于 1 亿美元。此举使更多的公司被纳入小型报告公司的范畴以内，享受简化的信息披露义务所带来的红利。

三、报告公司制度给我国带来的启示

基于上述分析可知，美国的报告公司制度以信息披露为核心，具有监管统一化、信息分层化、注册便捷化和边界明确化等特征，肩负保护投资者与促进市场活力的双重重任。② 我国的非上市公众公司监管制度也面临同样目标和任务，我国公司法上并没有报告公司或公众公司的概念，但按照我国证券法的规定，公开发行股票的公司需要持续履行信息披露义务，因此，从信息披露的角度横向对比，我国法律上也存在与美国报告公司制度类似的监管机制。我国证券法上对于公开发行的界定也经历范围由窄变宽的发展历程：2006 年以前，公开发行的证券仅包含进入证券交易所上市交易的证券，因此，公开发行股票的公司就等同于上市公司；2006 年，我国证券法对公开发行的概念进行调整，将股东人数超过 200 人的公司纳入公开发行股票的公司范畴。但新增公司类型在法律上并没有明确的定义，由此也给实务监管和理论研究带来不便。针对这一问题，2012 年，证监会发布《管理办法》明确提出非上市公众公司的法律概念，规定非上市公众公司指的是"有下列情形之一且其股票未在证券交易所上市交易的股份有限公司：（一）股票向特定对象发行或者转让导致股东累计超过 200 人；（二）股票公开转让"。2013 年，《非上市公众公司监督管理办法》（修改版）对非上市公众公司内涵进行修改，将"股票以公开形式向社会公众公开转让"改为"股票公开转让"。③ 可见，我国非上市公众公司所包含的情形与前述美国报告公司中"公开发行证券的公司"和"资产规模和股东人数达

---

① 参见李建伟，潘巧红. 英美非上市公众公司信息披露制度及其启示 [J]. 中州大学学报，2010（8）。
② 参见祁畅. 中国非上市公众公司监管的结构性变革 [J]. 云南社会科学，2018（1）。
③ 参见杨喆，汪敏达. 非上市公众公司监管制度：现状、问题及展望 [J]. 证券市场导报，2016（3）：69-70。

到一定标准的公司"相似。因此,报告公司的监管经验可以为我国非上市公众公司监管制度的发展与完善提供借鉴。结合上文对于报告公司制度的分析,我们可以得到以下启示。

(一) 关于监管模式的启示

美国报告公司制度的基本监管思路在于统一监管与分类监管相结合:只要涉及公众利益,无论是上市公司还是非上市公众公司,无论是在纽约证券交易所、纳斯达克还是在场外市场 OTCBB 挂牌交易均一视同仁地纳入报告公司监管的监管范畴,避免因为交易场所不同而承担不同的信息披露义务的不公平情况。但如前所述,美国报告公司千差万别,规模大小、盈利能力和发展进程也各不相同。因此,SEC 引入报告公司分类制度和小型报告公司制度,根据公司规模调整信息披露的期限和内容,从而实现监管程度与公司实际情况相匹配,避免中小企业承担过高的合规成本。

而我国的非上市公众公司与上市公司信息披露标准则存在差异。上市公司、非上市公众公司划分的基础是证券易场所的不同,从公开披露信息的角度,二者并无本质差异。但根据现有规则,前者交由交易所负责,对后者由证监会审核。非上市公众公司的信息披露适用《管理办法》,形成一套独立于上市公司的信息披露制度。上市公司与非上市公众公司仅仅因为交易场所不同就承担不同的信息披露义务,一方面,会造成制度上的重叠,进而造成监管资源浪费和监管矛盾频发的情况,另一方面,不同的监管标准也不利于公司在不同交易场所之间转换,还给监管套利留下空间。因此,未来应在信息披露方面淡化交易场所的差别,模糊上市公司与非上市公众公司的概念,对涉及公众利益的公司进行统一的监管,实现公众公司按需自由转板,建立起统一的资本市场监管体系。①

此外,在非上市公众公司内部还存在不论公司规模与类别,"一刀切"地适用同一套信息披露标准的问题,缺乏分层、分类的差异化监管机制。2019 年出台的《关于修改〈非上市公众公司监督管理办法〉的决定》第十一条规定,在原管理办法的基础上增加一条,作为第二十七条:"中国证监会对公众公司实行差异化信息披露管理,具体规定由中国证监会另行制定。"在信息披露管理标准的制定方面,可以借鉴美国的经验,建立起以公司规模为核心的差异化

---

① 参见刘鹏,龙军,刘格菘. 美国公众公司监管制度及启示 [J]. 西南金融,2014 (4)。

监管机制，以保证监管强度与监管对象实力相匹配，提升监管效率，优化监管效果。

（二）关于监管规则的启示

根据美国证券法和证券交易法的规定，SEC 享有对一切报告公司的监管权，在此基础上，SEC 颁布多项条例，从各个维度对报告公司的信息披露事项加以详细规定，还引入表格化和电子化报送方式，提高信息披露的效率，并对违反证券监管的法律责任作出明确规定。我国证券法主要围绕上市公司展开，虽然证监会后续出台《管理办法》专门对非上市公众公司的监管问题作出规定，但规范性文件的效力层级毕竟有限，监管和执法的威慑力不足，导致监管的实际效果也大打折扣。因此，针对非上市公众公司的监管规则，可以参考美国，在《证券法》的层面进行原则性规定，对非上市公众公司的监管问题作出全盘的统筹规划，并在此基础上，再以部门规章、地方性法规和证券交易所规则等形式针对各个方面、各个角度的问题进行分门别类的规定，建立起多层次、全方位的监管规则体系。

（三）关于监管标准的启示

美国《证券法》和《证券交易法》在界定报告公司的范围时主要考虑以下三个方面的要素：(1) 是否公开发行；(2) 是否公开交易；(3) 股东人数和资产规模是否达标。随着经济的发展，美国通过将 OTCBB 纳入报告公司监管范畴，以及颁布《萨班斯法案》等方式扩大报告公司的范围，加强对证券市场的监管；而此后颁布《多德—弗兰克法案》和《JOBS 法案》则呈现放松监管制的趋势。保护投资者利益与保证市场活力是证券市场监管的两大目标，二者如同鸟之双翼，不可偏废，监管过于松散会导致投资者因为信息不对称而受到欺诈，过于严苛则会为公司带来过高的合规成本。报告公司制度反复调整的目的就在于试图在二者之间寻找一个平衡点，但实现这一目标并非易事，美国的报告公司制度经过近百年的发展，仍然存在监管标准不合理的情况，主要体现为部分监管规则过于僵化和严苛。如前所述，根据《证券交易法》第 12 (g) 条的规定，符合一定人数和资产规模的公司必须注册成为报告公司，并履行信息披露义务。立法的初衷是为防止公众投资者的利益受到侵害，但这些公司并没有从事公开发行或者公开交易行为，更无从享受由此带来的资金优势，仅仅是因为自身规模达到法定标准就要承担高额的证券合规成本。权利与义务失衡的状况阻碍公司的发展，使部分公司由于担忧企业规模扩张会触发报告公司门槛，在筹资过程中犹豫不前，不敢放开手脚。在这种情况下，监管规则成为公司资本扩张的枷锁，束缚证券市场发展。① 2000 年之后，OTCBB 被纳入报告公司的监管范畴之内，超过 2600 只证券选择退出 OTCBB 市场转入粉单市场，OTCBB 市场自此萧条。② 2002 年美国国会通过《萨班斯—奥克斯利法案》要求报告公司聘请独立审计机构对管理层就公司内控有效性的报告进行测试，进一步加大报告公司的负担。此后出台的《多德—弗兰克法案》和 JOBS 法案对上述标准进行调整，虽然一定程度上缓解监管困境，但监管规则僵化问题仍然存在。

我国的非上市公众公司监管也存在类似问题，《管理办法》将未在证券交易所上市交易，但股票向特定对象发行或者转让导致股东累计超过 200 人的股份有限公司认定为公众公司。相比于美国《证券交易法》第 12（g）条的规定，这一规定更加严厉，无论公司资产多少，只要股东人数达标，均会被认定为公众公司，受到《管理办法》的监管，并履行相关义务。这样的规定将可能危及公共利益的公司纳入监管体系，虽然有利于保护投资者，却会对企业资本扩张的积极性产生不利影响。因此，未来应当对公众公司的标准进行灵活化的调整，如放宽公众公司的人数标准，将公司资产纳入考量标准，扩大信息披露豁免范围等。相比于美国，我国非上市公众公司制度存在发展时间短，监管经验不足等问题，希望可以通过对美国的相关制度经验的梳理，为我国非上市公众公司制度的进一步完善带来启示。

---

① 参见陈颖健．事实公众公司制度研究［J］．证券市场导报，2016（4）。
② 参见李丹，邢梅．美国场外市场发展最新趋势［R］//．上海证券交易所资本市场研究所．上证研报〔2019〕081 号。

法制建设

股东加速出资规则的利益考量

郑 彧[*]

摘 要：2013年公司法修订后，认缴制下出资期限的"约定性"而非"法定性"特征在带给市场主体准入便利的同时，也在实务界和学理界引发有关出资期限利益保护边界的争论。在股东利益与债权人利益选择之间，反对股东加速出资的观点有之，赞同加速出资的也为数不少。尽管目前司法审判的结果多呈现对于非破产情形下加速出资的否定，但本文认为需要在认缴制改革的总体背景和公司制度的本意上平衡股东出资期限利益与全体债权人利益的保护，必须通过更加明确及法定化的条件使市场各参与主体知悉认缴制下股东出资的权利、义务和限制，通过合情并且合理的制度设计引导特定情形下股东的自愿加速出资，并且确保在股东不主动加速出资的情形下，具备足够的法律和司法工具来实现债权人公平保护的终极效果。

关键词：股东加速出资 期限利益 债权人保护 利益平衡

一、放松注册资本管制背景下的新问题："股东优先"与"债权人优先"的价值选择

2013年，在政府行政审批制度"放管服"的整体改革背景下，我国公司法对公司资本制度进行一次根本性的改革，继2005年将公司法实施之初的"完全实缴制"转换为"设立时比例实缴+剩余金额限期缴足"后，我国公司注册资本制度完全转向"全面认缴"制。修订后的公司法仅仅保留原有条文中

---

[*] 郑彧，法学博士，华东政法大学国际金融法律学院教授。

有关公司注册资本的定性概念,即"有限责任公司的注册资本为在公司登记机关登记的全体股东认缴的出资额"(第二十六条)和"股份有限公司采取发起设立方式设立的,注册资本为在公司登记机关登记的全体发起人认购的股本总额"(第八十条),删除原来的"(有限责任公司)公司全体股东的首次出资额不得低于注册资本的百分之二十,也不得低于法定的注册资本最低限额,其余部分由股东自公司成立之日起两年内缴足;其中,投资公司可以在五年内缴足"(第二十六条)和"(股份有限公司)公司全体发起人的首次出资额不得低于注册资本的百分之二十,其余部分由发起人自公司成立之日起两年内缴足;其中,投资公司可以在五年内缴足。在缴足前,不得向他人募集股份"(第八十一条)的首次出资比例和出资期限的规定。

从立法本意上看,2013年公司法对于公司注册资本制度的改革目的在于放宽市场主体准入的门槛,减少对股东出资事项的立法干预,降低公司设立的成本,扩大市场主体的意思自治范围,创造更加友好的营商环境,以此激发市场的投资活力。但不可否认的是,因为本次注册资本制度改革总体上呈现"政策方向在前、立法跟进在后"的特点,这使2013年公司法的修订在突出"意定型认缴"①的注册资本改革成果时,也为后续的市场活动和司法审判实践带来细节上的困惑。其中最为突出的问题在于,因为修改后的公司法并没有对股东在设立公司中应该拥有的最小或最大资本额进行限定,也没有对股东何时应该出资完毕进行限制,这使在"法无明文即可为"的负面清单制度下,市场实践中出现诸如"100亿元注册资本"和"100年出资期限"这样的出资约定。如此出资金额和出资期限的"意定性"在大大便利股东的同时,却引发实务中对于认缴制下公司债权人利益保护的新问题。因为当认缴制下的未足额出资公司出现债务危机时,如果公司的债权人因为无法从公司获得清偿而寻求直接向未出资股东在出资义务范围内进行追偿时,已认缴未出资的股东是否可以以"出资期限未至"的法定出资利益进行抗辩?换句话说,在认缴制下,公司股东是否对公司债权人针对公司的债权请求负有加速出资的义务?对此问题,仁者见仁,智者见智,无论是理论界还是业界都存在着不小的争议。比如有观点认为

---

① 本文所谓的"意定型认缴"并不是说股东在出资方面可以为所欲为,而是说除特定类型的公司外,法律并不限定股东在设立公司时所应该拥有的注册资本数额,也不对注册资本数额的缴纳期限进行限定,无论是出资金额也好,还是出资期限也好,都是交给股东自身通过公司章程进行约定。

"股东有限责任是整个公司制度的基石,相比之下,债权人的利益则居于次位",[①] 但同样也有观点呈现对"现实中层出不穷的巨额认缴及长期出资的现象束手无策,很大程度上成为股东不负责任的数字游戏"[②] 的担心。对此争议,与司法机关偏向保守地适用股东出资的加速到期不同,公司法学界更多的声音是主张股东加速到期制度,并且通过不同的视角为债权人保护寻找公司法或者合同法的依据。在此争议背景下,笔者认为认缴制下债权人并非可以任意启动股东加速到期请求。相反,股东加速到期规则的设计应是一种通过法律对债权人进行保护的"兜底"手段,其存在的目的:一是通过"加速出资"的约束性促进股东在"意定出资期限"以外的自动加速出资;二是通过"加速出资"的机制设计均衡地保护公司所有债权人(而非单一债权人)的债权利益。

二、认缴制下股东加速出资的新冲突:"支持论"与"否定说"的理论争议

在前述背景下,在公司未能向特定债权人清偿届期债务时,特定债权人是否有权越过公司而对那些已认缴而但未实际出资的股东直接主张债权权利一直存在着学术上的争议。

(一)支持论

同意支持债权人主张加速到期的理由主要在于"非破产情形下的加速到期有利于形成理性的股东认缴秩序及理性的公司偿债秩序,也是交易成本更小的加速到期方法"。[③] 在此理由下,大致论证的路径又有所不同。比如有学者对《最高人民法院关于适用〈中华人民共和国公司法〉若干问题的规定(二)》(以下简称《公司法司法解释(二)》)进行扩张性解释,认为股东出资责任加速到期有先例可循,因为在我国《破产法》第三十五条和《公司法司法解释(二)》第二十二条中已有股东出资责任加速到期的安排;还有学者据公司法第三条第2款"有限责任公司的股东以其认缴的出资额为限对公司承担责任;股份有限公司的股东以其认购的股份为限对公司承担责任"的规定,认为股东约定的出资期限在公司登记注册时一经公示,即承担着法定的出资义务,这是

---

① 参见蒋建湘,李依伦. 认缴登记资本制下债权人利益的均衡保护[J]. 法学杂志,2015(1)。
② 参见丁勇. 认缴制后公司法资本规则的革新[J]. 法学研究,2018(2)。
③ 参见蒋大兴. 论股东出资义务之"加速到期"——认可"非破产加速"之功能价值[J]. 社会科学,2019(2)。

一种资本担保义务；还有的观点从"资本维持原则"的角度论证在股东全部缴纳认缴出资额之前，公司应保证不出现无法清偿外债的情况。①

由上可知，支持股东出资加速到期的观点认为，从稳定企业结构、维持经营活动持续进行的实用主义角度，在公司不能支付债权人债务的情形下强求以破产提供救济不符合鼓励利用公司制实现经济发展的改革目的，反而允许债权人加速到期具备逻辑的合理性和操作的可行性：第一，股东出资期限的约定是股东与股东，股东与公司之间合同关系，属于内部关系；而债权人对股东的求偿权属于外部关系。根据合同的相对性，股东与股东之间的内部约定不能对抗外部第三人，即不能产生约束公司债权人的效力。第二，因未出资股东承担补充赔偿责任以公司不能清偿债务为触发事由，该事由也是债权人申请公司破产的原因。两者相比，在维持公司存续的基础上，让未出资股东承担补充赔偿责任，显然具有救济成本低，效益高的优势。第三，章程规定超长出资期限的条款，缺乏履行的可能性，违反公平原则，是订约权的滥用，属于无效条款。②因此，不依破产方式处理认缴资本加速到期反而减轻股东和债权人的负担，是一种具有效率的债权人保护方式。

（二）反对说

与支持论者相反，否定股东出资加速到期的理由在于"在立法机关赋予股东出资期限利益的法定权利下，加速到期责任的适用没有法律依据，不能轻易对法律条文做扩张解释，必须做严格解释"。③针对支持论的主张，持否定说的学者认为《破产法》和《公司法司法解释（二）》第二十二条都只规定清算时的加速到期。这是一个规定明确且应严格遵守的条件，非此情形，加速到期没有合理性。在此基础上，还有学者针对股东出资的"公司契约论"认为虽然股东出资期限之约定仅在公司与股东之间有约束力，向来不约束公司债权人，在公司无力支付债权人债务时可走破产或类破产程序来实现加速到期，但无论

---

① 以上观点可参见章恒筑，蒋大兴，李志刚等. 认缴资本制度下的债权人诉讼救济 [J]. 人民司法·应用，2016 (16)；朱慈蕴. 中国公司资本制度体系化再造之思考 [J]. 法律科学，2021 (3)；郭富青. 论公司债权人对未出资股东及利害关系人的求偿权 [J]. 北方法学，2016 (4)。

② 类似观点参见甘培忠. 认缴制下的资本违法责任及其困境 [J]. 北京大学学报（哲学社会科学版），2015 (6)；赵旭东. 资本制度变革下的资本法律责任——公司法修改的理性解读 [J]. 法学研究，2014 (5)；李建伟，王艳华. 认缴制下有限责任公司出资责任加速到期的正当性及其司法适用 [M] // 中国商法年刊（2014）. 北京：法律出版社，2014：179-180。

③ 参见袁碧华. "认"与"缴"二分视角下公司催缴出资制度研究 [J]. 中国法学，2019 (2)。

如何，不宜援用公司法第二十条之滥用权利规则行使加速到期，破产程序是要求股东履行未届期出资义务的唯一正当路径。① 因为"否定说"较为契合法教义学方法论下对于《公司法司法解释（二）》的解释，因此，在司法审判实务中也就存在大量反对未经破产程序即予以加速出资的判例，这些判决的主要理由就是认为新公司法下并没有支持公司债权人主张的请求权基础，② 如果只要债权人债权不能获得清偿，动辄就可向股东直接追索，那么将有违法律创设公司制度的初衷。③

（三）折衷派

在"支持论"和"否定说"之间，还存在一个介于两种观点之间的"折衷派"。"折衷派"在底层逻辑上还是支持债权人对于股东出资"加速到期"的主张，但认为应该严格限制加速到期的适用条件，只有满足特定情况时，股东出资责任加速到期制度方可适用。首先，在请求权基础上，他们认为出资义务未届期的股东对债权人所享有的公司债权是一种补充赔偿责任。在"补充赔偿"的定性下，股东出资加速到期的前提就需要回到公司不能清偿到期债务这一基本条件。针对公司不能清偿到期债务的标准及诉讼安排问题，其本质上与一般保证人对保证人的责任具有一致性，故此可借鉴原《中华人民共和国担保法》第十七条关于一般保证人保证责任承担的规定，即公司不能清偿到期债务应指债务非经强制执行仍不能清偿的情形。在折衷论下，债权人只能先以基础性债权债务关系起诉公司，待强制执行程序结束后公司仍无法清偿时才能起诉股东。但为更便捷有效地解决纠纷，折衷论也有观点认为在公司对债务本身不存异议且表示不具有清偿能力时，在法官询问未缴足资本的股东是否愿意承担补足责任且后者同意的，可追加相应股东为第三人，直接裁判承担相应的补足责任；不同意的，则告知债权人强制执行公司无果后另行起诉。④ 基于此，持折衷观点的学者大多倾向于在公司法的修订中明确加上"公司无力清偿到期债务，而公司章程约定的股东缴付资本期限尚未届至或未约定缴付资本期限的，

---

① 参见王建文. 再论股东未届期出资义务的履行 [J]. 法学，2017（9）。
② 参见王东敏.《公司法》资本制度修改对几类民商事案件的影响 [M] //《商事审判指导（第36辑）》. 北京：人民法院出版社，2014：62。
③ 参见俞巍，陈克. 公司资本登记制度改革后股东责任适法思路的变与不变 [J]. 法律适用，2014（11）。
④ 参见李建伟. 认缴制下股东出资责任加速到期研究 [J]. 人民司法，2015（9）。

债权人可以请求人民法院判令股东立即缴付尚未缴付的资本,用于偿还债权人"①的限制性条件,以此实现股东加速到期的"条件法定化"而非依赖于现有的"文义解释化"。

(四) 司法实践的倾向性意见

事实上,如同前述介绍,在大多数的判例中法院更加愿意承接"否定论"的观点,往往否定债权人对于股东加速出资的请求,其最为主要的原因在于严格秉承法教义学的方法论基础,对于《公司法司法解释二》和《最高人民法院关于适用〈中华人民共和国公司法〉若干问题的规定(三)》(以下简称《公司法司法解释三》)进行限缩解释,没有采纳"支持论"有关扩大解释的路径。从司法解释条文本身可知,《司法解释(二)》第二十二条确实只是规定"公司解散时,股东尚未缴纳的出资均应作为清算财产。股东尚未缴纳的出资,包括到期应缴未缴的出资,以及依照公司法第二十六条和第八十条的规定分期缴纳尚未届满缴纳期限的出资。公司财产不足以清偿债务时,债权人主张未缴出资股东,以及公司设立时的其他股东或者发起人在未缴出资范围内对公司债务承担连带清偿责任的,人民法院应依法予以支持";《司法解释(三)》第十三条也明确列明"股东未履行或者未全面履行出资义务,公司或者其他股东请求其向公司依法全面履行出资义务的,人民法院应予支持。公司债权人请求未履行或者未全面履行出资义务的股东在未出资本息范围内对公司债务不能清偿的部分承担补充赔偿责任的,人民法院应予支持;未履行或者未全面履行出资义务的股东已经承担上述责任,其他债权人提出相同请求的,人民法院不予支持。股东在公司设立时未履行或者未全面履行出资义务,依照本条第一款或者第二款提起诉讼的原告,请求公司的发起人与被告股东承担连带责任的,人民法院应予支持;公司的发起人承担责任后,可以向被告股东追偿"。虽然《公司法司法解释(二)》和《公司法司法解释(三)》的初始稿均是在2013 年公司法资本制度修改之前颁布的,但从 2020 年 12 月 29 日因民法典的生效而由最高人民法院修订并重新发布的这两部司法解释的内容上看,前述条文的规定并没有发生变化,这也就意味着股东加速出资的"破产条件"或"股东出资违约条件"这一先决条件并无变化。

---

① 参见甘培忠. 论公司资本制度颠覆性改革的环境与逻辑缺陷及制度补救 [J]. 科技与法律, 2014 (3).

此外，从2019年11月14日颁布的《全国法院民商事审判工作会议纪要》（业界俗称的"九民纪要"）的内容上看，最高人民法院民二庭认为"在注册资本认缴制下，股东依法享有期限利益。债权人以公司不能清偿到期债务为由，请求未届出资期限的股东在未出资范围内对公司不能清偿的债务承担补充赔偿责任的，人民法院不予支持。但是下列情形除外：（1）公司作为被执行人的案件，人民法院穷尽执行措施无财产可供执行，已具备破产原因，但不申请破产的；（2）在公司债务产生后，公司股东（大）会决议或以其他方式延长股东出资期限的"。① 更为值得注意的是，对于特定债权人是否有权要求股东出资加速到期问题，最高人民法院已经意识到"单个的债权追及诉讼不尽符合《企业破产法》第三十一条、第三十二条的精神。债权人应当申请债务人破产，进入破产程序后再按照《企业破产法》第三十五条使股东出资义务加速到期，最终在真正意义上保护全体债权人利益……因此，在类似诉讼中，法院应当注意向当事人释明，如债务人公司不能通过融资或其股东自行提前缴纳出资以清偿债务，债权人有权启动破产程序"。②

三、认缴制下股东加速出资制度的新设计："出资期限利益保护"与"债权人公平对待"的利益平衡

公司法最具有挑战性的任务，就是设计一套既能利用有限责任鼓励股东投资，又能减少甚至消灭控制股东实施不利于债权人的机会主义行为的诱因。③ 尽管道理如此，但在股东利益与债权人利益的选择上，学界可能仍存在着一种"非此即彼"的价值判断标准。比如，股东优先主义就认为"认缴制的核心价值在于缓和股东出资压力，在追求股东价值最大化的框架内为私人秩序提供最大的回旋余地"。④ 但与之相对，"债权优先主义"则秉持"股东与债权人之间相比较，债权人利益更值得保护，不论是公司法所确立的资本确定原则，也不论是资本维持原则，还是资本不变原则，都贯彻着公司债权人利益的优先保护精神"⑤ 的主张。

---

① 参见最高人民法院《关于印发〈全国法院民商事审判工作会议纪要〉》（法〔2019〕254号）（即业内所俗称的《九民纪要》）第六条的规定。
② 参见杨临萍. 当前商事审判工作中的若干具体问题 [J]. 人民司法（应用），2016（4）。
③ 参见保罗·戴维斯 [M]. 英国公司法精要. 樊云慧译. 北京：法律出版社，2007。
④ 参见郭富青. 公司资本制度设计理念与功能变革 [J]. 法商研究，2004（1）。
⑤ 参见梁上上. 未出资股东对公司债权人的补充赔偿责任 [J]. 中外法学，2015（3）。

对此问题，本文的观点是认为在公司作为独立法人人格的基石下，股东利益与债权利益在公司法层面并不矛盾，无论是股东还是债权人本身都是围绕着公司作为拟制的独立法人这一前提进行利益的再分配。不管股东利益还是债权人利益都是公司法不可或缺的立法保护目标，至少股东与债权人平等保护这一目标在我国公司法开宗明义的表述上已经表达得明确无误①。由此，横亘在股东与债权人之间、债权人与债权人之间的关系不应是厚此薄彼、顾此失彼的关系。如果说2013年公司法修订以来软化对于公司股东出资要求的话，那么对于由此所延伸出的对于债权人利益保护的强化似乎名正言顺。② 正是基于此等逻辑，本文意图在现有学界、业界对于股东加速出资讨论的基础上，借用商法上的利益平衡思路，对于如何在认缴制下设计平衡股东与债权人、股东与公司、债权人与债权人利益保护制度谈一些新的设想。

（一）认缴股东出资期限的利益保护与权利限制

股东出资义务是否加速到期，实质是股东出资的期限利益是否应予保护的问题。总体而言，本文认同既然公司法的立法背景本身就是通过放松资本出资的管制来营造更为宽松的营商环境，因此从立法规制的角度上看，新公司法已经将约定出资期限的权利赋予股东，并且未对出资期限的约定作出法定性的限制，那么对出资期限的约定甚至章程的修改均应属于股东可自行行使的合法权利。在出资期限"意定型"模式下，股东出资的期限利益应该受到司法的保护③，当股东通过章程约定一个不可能履行的出资期限时，不能说坚持章程自治的现代公司法理论就是意在纵容股东逃避出资义务。④ 股东在认缴制下享有的出资期限利益应不存在歧义，无须再依赖额外的司法解释。⑤ 因此，在现有的立法与司法解释条文框架下，如果在公司未达破产界限时就责令股东提前缴纳出资义务，难免存在违反"契约严守"的法治精神。简而言之，超出公司章

---

① 《中华人民共和国公司法》第一条"为规范公司的组织和行为，保护公司、股东和债权人的合法权益，维护社会经济秩序，促进社会主义市场经济的发展，制定本法"。

② 参见林晓镍，韩天岚，何伟．公司资本制度改革下股东出资义务的司法认定 [J]．法律适用，2014（12）。

③ 参见陈妮．非破产下股东出资期限利益保护限度实证研究 [J]．法学评论，2020（6）。

④ 参见石冠彬．注册资本认缴制改革与债权人权益保护——一个解释论视角 [J]．法商研究，2016（3）。

⑤ 章恒筑，等．认缴资本制度下的债权人诉讼救济 [J]．人民司法·应用，2016（16）。

程约定期限的"非破产加速"确实没有公司法的成文法依据。①

但与此同时,"现代公司制度以股东的有限责任为基本形式,尽管有限责任制度在保护股东投资的积极性上作用巨大,但其也暴露出对于公司债权人保护相对薄弱的缺点,必须在公司股东权益与公司债权人权益之间实现必要的均衡,以保障公司股东权益与公司债权人权益均能公平地实现。这就决定我们需要在法律上建立一个能够实现公平均衡的权利体系和与之相适应的责任体系"。② 因此,在保护股东出资利益的前提下,我们需要防止公司股东利用"形骸化"的公司实体损害公司债权人利益的滥权行为。从某种程度上讲,本文并不赞同股东出资利益绝对优先的主张,反对"不应将公司债权人利益理所当然地置于股东期限利益之前"③ 和"公司资产不足以清偿债务的情况,如果股东自身不愿意提前缴纳出资以清偿债务,司法也没有法律依据要求股东提前出资"④ 的观点。恰恰相反,在认缴制的总体背景下,在赋予股东出资期限利益保护的同时,也应设计出相应的配套机制以使公司债权人利益能够依法得到合理保障,因为"允许股东在章程中任意约定出资期限是合乎情理的,只要法律存在着足够的责任制度即可应对"。⑤ 在这个意义上,前文所述的"折衷派"观点在逻辑上反映股东与债权人利益平衡的总体思路的,只不过在"折衷派"的方案中,其虽主张"公司无力清偿到期债务"的前提条件,但最终引申的结果却是赋予提起诉讼的特定债权人可以"请求人民法院判令股东立即缴付尚未缴付的资本,用于偿还债权人"的单方主体保护方式,这样的清偿方式只是使原本"特定债权人—公司"之间的请求权关系转换为"特定债权人—公司股东"的关系,其虽然保护在先起诉的特定债权人,但却可能损害到公司其他债权人的利益,并不符合公司股东出资后所形成的公司资本(作为独立法人的资产)应是对于公司全体债权人债务担保的资本制度本质。

(二) 单一债权人的权利主张与全体债权人的公平对待

如前所述,在股东利益与债权人利益平衡保护的前提下,股东在享受自由

---

① 参见蒋大兴. 论股东出资义务之"加速到期"——认可"非破产加速"之功能价值 [J]. 社会科学, 2019 (2)。
② 参见陈甦. 公司设立者的出资违约责任与资本充实责任 [J]. 法学研究, 1995 (6)。
③ 参见王建文. 再论股东未届期出资义务的履行 [J]. 法学, 2017 (9)。
④ 参见林晓镍, 韩天岚, 何伟. 公司资本制度改革下股东出资义务的司法认定 [J]. 法律适用, 2014 (12)。
⑤ 参见施天涛. 公司资本制度改革:解读与辨析 [J]. 清华法学, 2014 (5)。

的出资期限利益的同时，诚然也需承担相应的义务，而这一义务的底线应该是"股东至少要保证公司不沦为其转嫁经营风险的工具，危及与公司从事正常交易的债权人的合法权益"。① 在考虑债权人利益的同时，我们也应该认识到，围绕着公司这种独立对外承担债务的法律拟制主体，如果允许加速到期制度的存在，则这种制度在本质上应该是为保护具有抽象性质的全体债权人的利益，而非保护只呈现具象特征的单一债权人利益。

在目前出资加速到期的"支持论"中，支持论者主要还是针对某个单一的债权人在公司无法清偿债务时的股东出资加速保护，其主要理由在于"当公司现有资产已经不足以偿债，此时股东若不愿意提前履行出资义务，可视为股东已经根本不想让公司得以存续，故允许公司债权人要求出资期限尚未届满的股东履行出资义务存在正当性、符合股东出资构成公司资本基石的基本原理，《企业破产法》第三十五条的规定应当理解为'公司资不抵债、股东应提前履行出资义务'情形中的一种情形，并不意味着股东提前履行出资义务必须以'公司被依法受理破产申请'为前提条件"。② 但与此同时，这种观点虽然也已经意识到对股东而言，无论是破产中的履行还是破产前的履行，其承担的出资义务或责任并无不同，区别在于破产中的清偿是全体股东面向所有公司债权人的公平清偿，这种个别清偿的确会导致公司债权人之间不公平受偿的结果，并背离破产法的宗旨，但其给出的解决方法仍然是"通过个别债务的清偿而化解危机并避免破产或许是更有利于公司和多数债权人的优先选项，由此而要求未届履行期或履行期不定的股东提前承担出资责任，未尝不可。在此前提下，对于公司其他债权人的保护（包括个别股东提前承担此项责任而形成股东与公司、股东与股东之间新的债务关系）可以再引入破产法项下撤销权等方式予以解决"。③

本文认为，尽管"公司资本制度所蕴含的担保功能已经日趋衰微而其激励和便利融资的功能却正在得到不同程度的强化"④，但在我国公司法尚未完全摒

---

① 参见李建伟. 认缴制下股东出资责任加速到期研究 [J]. 人民司法，2015（9）。
② 参见石冠彬. 注册资本认缴制改革与债权人权益保护——一个解释论视角 [J]. 法商研究，2016（3）。
③ 参见赵旭东. 资本制度变革下的资本法律责任———公司法修改的理性解读 [J]. 法学研究，2014（5）。
④ 参见冯果. 我国公司资本制度的反思与重构 [J]. 中南财经大学学报，2003（6）。

弃传统的"法定资本制"①的前提下，认缴制度改革只是针对股东出资期限的意定问题，并没有改变公司全部资本对于债权人的担保属性。在此意义上，当公司认缴完成后，股东对公司的未出资金额应该形成公司对于股东的应收款，在资产负债端体现为"公司的资产"，只不过是不同于采取实缴制下即时入账的现金或实物资产。此时，虽然股东对于公司存在"负债"，但作为担保公司设立时初始履约能力的股东出资应该在于对于全体与公司从事交易的第三人的担保，而不是特定债权人的单一担保。在此理解下，即便在认缴制上基于债权人的利益保护而衍生出"股东出资加速到期"的特例，这样的特例也应在考虑公司全体债权人利益公平保护的基础上（同时意味着对于应适当出资而未出资股东的惩罚）进行相应的制度设计。

（三）加速出资的请求权基础与债权人代位权的诉权性质

受德国法的影响，以请求权基础为核心的"找法"已经成为法官在司法审判实践中决定是否支持原告诉请的方法论基础。在2013年公司法修订之前，因为法律有实缴资本的要求，股东存在延迟出资等出资瑕疵行为的，承担的应是侵权责任。但在公司注册资本认缴制实施后，股东履行出资的义务取决于章程和出资协议的议定而非法定规制，由此就对债权人请求股东加速出资的请求权基础带来不少影响。②对此，虽有学者认为通过《公司法》第三条第2款可以解释出公司债权人对未实缴出资的股东的直接请求权，③但一旦出资期限从法定变为约定且约定的出资期限未至，债权人似乎就失去原来在侵权责任项下所直接拥有的"损害赔偿请求权"。为此，一个新的替代性的请求权基础就应运而生：因为在股东和公司之间，存在着以收受出资款为内容的债权债务关系，公司系债权人，股东系债务人，④因此公司的债权人就有权依照合同法提起债权人的代

---

① 2013年公司法资本制度的改革并没有改变出资人仍需在公司章程中彰显公司注册资本并予以登记公示的要求，并不像普通法系的授权资本那样，授权资本只是公司章程对于公司可发行的股本数上限的限制（但并不要求实际认缴），因此，我国现有的认缴制仍然是法定资本的延伸而非革命。

② 参见俞巍、陈克. 公司资本登记制度改革后股东责任适法思路的变与不变[J]. 法律适用，2014（11）.

③ 参见卢宁. 公司资本缴纳制度评析——兼议认缴制下股东出资义务加速到期的困境与出路[J]. 中国政法大学学报，2017（6）；王涌. 论公司债权人对未实缴出资的股东的请求权[N]. 中国工商报，2014-08-09（3）.

④ 参见叶林. 公司股东出资义务研究[J]. 河南社会科学，2008（4）.

位诉讼,① 由此就将公司债权人对于公司股东直接的侵权请求权转换为合同法上的代位求偿权。但同样,如同反对者所指出的,合同法上的代位权理论必须存在"债务人对第三人的权利期限届满"的前提条件,而加速到期问题的前提则是"出资期限未满",因此合同法上对于债权人的代位求偿权保护在逻辑上并不能涵摄到公司法上赋权给债权人行使对于股东代位求偿的解释。

除此之外,也有学者以"补充责任"作为逻辑基础解释债权人对于股东的请求权基础,其成文法基础在于《公司法司法解释(三)》第十三条第2款所提及的"公司债权人请求未履行或者未全面履行出资义务的股东在未出资本息范围内对公司债务不能清偿的部分承担补充赔偿责任的,人民法院应予支持"的文义解释,理论基础则在于"公司债权人补充赔偿请求权的请求权基础纯粹是因为公司法规定股东向公司出资的法定义务。债权人正是基于此,才行使维护其债权的追诉权,追使股东最终承担有限责任"②。但问题在于,尽管作为在连带责任、按份责任以外可被接受的一种新型的责任方式,补充责任的立法起源被认为是来源于1995年《担保法》第十七条关于一般保证的法律规定。③ 而从当时一般保证的规定来看,保证人承担的是一个基于自身契约意思表示项下的或有责任(会计上称为"或有负债"),其责任的承担一是需要保证人做出保证的意思表示,二是需要取决于被保证人是否履约,而非保证人自身当然的法定义务。很明显,区别于这种来源于担保法上的补充责任,认缴制下的股东责任并不是"要或不要"或者"有或没有"的问题。因为股东一旦认缴,其对公司的出资责任即已明确,这也就同时意味着公司以股东的认缴出资额承担责任的义务已经明确,股东并不存在对公司承担出资责任以外而需另行承担公司债务的或有负债情形。因此,股东加速出资制度的理论基础也不应是我国现行司法实践中所广泛接受的那种补充责任。

此外,合同法上的代位权的追偿路径是"债务人的第三人"至"债务人的债权人",这种代位追偿方式产生的法律后果是使得债权人直接跳过"债务人"而以自己名义直接拥有原本属于债务人的权益,从而使代位主张的成果直接归

---

① 原《中华人民共和国合同法》第七十三条规定"因债务人怠于行使其到期债权,对债权人造成损害的,债权人可以向人民法院请求以自己的名义代位行使债务人的债权"(该条微调后调整为《民法典》第五百三十五条)。

② 参见郭富青.论公司债权人对未出资股东及利害关系人的求偿权 [J].北方法学,2016(4)。

③ 参见梁上上.未出资股东对公司债权人的补充赔偿责任 [J].中外法学,2015(3)。

属于债权人。如果沿着合同法上的代位权理论，一种矛盾将显而易见：在认缴制下，股东的未出资认缴虽然属于对于公司的负债，但其在本质上仍应是属于公司的财产，是公司维系其独立法人财产及对外承担法律责任的基础。按照现行公司法上的"代位权"制度（比如我国《公司法》第一百五十一条①），其本质是"代公司的位，谋公司的利"，以此有别于合同法项下那种"代公司的位，谋债权人的利"的代位权制度。由此，当需要对股东的出资义务强制执行时，首先还是应当由公司作为原告依据公司法和公司章程向出资股东提起主张或者诉讼。② 即便援引公司法第三条第2款的请求权，则请求权的主体和利益主体也应是公司而非债权人，那种直接赋予债权人请求权的方式将最为直接地违背公司独立人格的公司法基石。③ 因此，认缴制下未认缴出资并没有改变原有实缴制下公司资本作为公司整体债务担保的本质，也不应该认为是出资股东对某一债权人的补充赔偿保障。在公司怠于履行催缴义务的前提下（参见下文论述），债权人虽可以行使代位追偿权，但此间的代位权的本质应是类似于《公司法》第一百五十一条那种利益归属于公司的代位权，而不是利益直接归属于提起诉讼的债权人的合同法上的代位权。

（四）公司董事的催缴义务与股东加速出资的触发条件④

在认缴制下，不论股东是否已经实际出资，注册资本制度下所蕴含的股东对于公司的义务这一逻辑（出资完成后转变为公司的资产）并没有改变，改变的只是出资时间发生变化。在普通法系，已认缴未缴付（Subscribed But Not Paid Up）的股份是由公司董事会根据公司经营的需要而向股东进行催缴（Call Up），董事会可以通过决议要求股东在未实际缴纳出资的范围内，在一定时间

---

① 《中华人民共和国公司法》第一百五十一条第3款"他人侵犯公司合法权益，给公司造成损失的，本条第一款规定的股东可以依照前两款的规定向人民法院提起诉讼"。
② 参见陈甦. 公司设立者的出资违约责任与资本充实责任[J]. 法学研究，1995（6）。
③ 参见丁勇. 认缴制后公司法资本规则的革新[J]. 法学研究，2018（2）。
④ 下文所考虑的触发条件中并没有考虑两种特殊情形：（1）认缴的股东是自然人，且该自然人在出资期限届满前死亡，在该股东继承人放弃继承的情况下，该死亡股东对于公司的认缴是否加速到期以及如何加速到期？（2）认缴股东是法人，该法人股东自身在出资期限届满前出现破产或者清算事件时是否需要一层一层往上追溯，直至追溯到自然人股东（特别是对于注册资本呈现"母小子大"的情况）。这两种特殊情形的加速出资作者尚没有形成一个明晰的论证，故不包含在本文讨论的正常加速到期的触发条件情形之内。

内向公司缴付董事会所要求的股款数额，而不受出资协议中约定的缴纳期间的限制。① 这是因为在普通法系的授权资本制下，发行责任是一种与董事会中心主义相契合的资本制度。在董事会中心主义下，董事会相对股东会有较强的独立性，其本身便是公司的意思形成与意思表示机关，无论是发股、发债还是分红、派息以及减资、回购，均以公司人格独立性为前提，股东仅作为公司融资的一类对象而已，并没有绝对超然的特殊性。② 由此，在涉及认缴制下是否加速出资问题上就可以转换为董事在勤勉义务基础上对于公司内外关系的判断：如股东出资期限未满但公司资金不足已经影响到公司外部第三人的利益，董事就有义务基于公司的立场启动对于股东的催缴。但如果仅为公司内部利益冲突而不涉及公司外第三人的利益，则董事会无义务提前催缴。③ 在此立场下，尽管公司法给予股东认缴的出资期限利益，但在公司运营资金或者经营所需财产严重不足的情况下，董事会有义务成为公司资本变动的主要监控人，董事应当负责公司认缴资本的催缴，而且董事的催缴义务应当作为其受信义务的一部分。④

虽然有反对的观点认为"将公司对股东的出资债权交给公司催缴，表面上看来是符合缴资法律关系逻辑的，但因为股东与公司的特别关系——在有限公司中，二者可能基本处于重合状态，在股份公司中，股东通常也可能控制董事的决策权，此种安排其结果往往是导致催缴不能"，⑤ 但这个观点其实忽视"事实不能"与"法律效果"之间的差异。虽然股东与董事可能产生身份重合，董事也可能代表着股东的利益，但一旦在立法上把公司缺乏资金条件下的催缴作为董事应尽的义务予以规定，那么董事不予催缴的事实就可以转换为这种消极行动的法律后果，由此反过来促进董事催缴制度的执行。在比较法视野

---

① 参见卢宁. 公司资本缴纳制度评析——兼议认缴制下股东出资义务加速到期的困境与出路 [J]. 中国政法大学学报，2017（6）；王涌. 论公司债权人对未实缴出资的股东的请求权 [N]. 中国工商报，2014-08-09（3）。

② 前述观点可一并参见 Bayless Manning, James J. Hanks Jr.. 法律资本制度 [M]. 向后东译. 商事法论集（第12卷）. 北京：法律出版社（2007）；Franklin A. Gevurtz: Corporation Law, West Publishing Co., 2000, 转引自甘培忠，徐可. 认缴制下的资本违法责任及其困境——以财产混同为视角 [J]. 北京大学学报（哲学社会科学版），2015（6）。

③ 参见袁碧华. "认"与"缴"二分视角下公司催缴出资制度研究 [J]. 中国法学，2019（2）。

④ 参见朱慈蕴. 中国公司资本制度体系化再造之思考 [J]. 法律科学，2021（3）。

⑤ 参见蒋大兴. 论股东出资义务之"加速到期"——认可"非破产加速"之功能价值 [J]. 社会科学，2019（2）。

下，2006年英国公司法除规定股东应在发行的五年内支付全部认缴对价外，"公司还有权在任何时候对剩余未交付出资部分发出催缴"，① 而德国法则要求"当公司存在补充资金需求时，董事会也有权要求股东在合理时限内提前缴纳全部或部分尚未缴纳的认缴资本"。② 因此，当董事在信义义务项下负有对于出资期限未满的股东的催缴义务后，如果董事没有合理理由而拒绝向股东催缴出资，则属于董事违反忠实和勤勉义务的失职行为，由此追究董事的法律责任。③ 在此论断下，虽然本文未必同意"发起人、董事、高级管理人员与未出资股东对公司债权人承担的是连带责任"④ 的那种补充财产责任，但至少董事违反信义义务未进行催缴时，可以对董事施加诸如剥夺董事资格等"声誉罚"机制，以此促进董事的尽职履责。

顺此逻辑，当公司股东对于公司的出资期限未至，而公司又负有对外支付义务时，公司董事会首先应根据其对公司偿付能力的判断决定是否向公司股东发出加速出资的催缴通知；董事会决定催缴的，公司应向股东说明公司现有资产偿付不能的具体事实与金额，列明需要股东提前加速出资的金额与期限，董事以其职责判断需要股东加速出资并向股东发出出资通知的，董事对于公司向债权人清偿不能的事实不负个人责任。股东于董事催缴后仍未加速出资的，债权人在获得胜诉判决后仍无法从公司获得债权清偿的，则可以按照以下方式启动股东加速出资流程：（1）债权人可以以公司名义代位申请未出资股东的加速出资，但此等代位申请不属于合同法项下可归利于单个债权人的代位权，加速出资的利益应归属于公司所有债权人，由特定债权人行使代位权而执行到的股东加速出资款项作为股东出资款进入公司账户。公司确无其他债权人申请债权利益的，代位款项可作为相关债权诉讼的执行款由执行法院予以执行。公司有其他债权人或者执行人出现破产情形的，适用破产法的有关规定。（2）如果被执行人对外债务众多，债权人也可以不行使代位权，直接在执行法院申请债务

---

① 参见葛伟军. 英国公司法要义 [M]. 北京：法律出版社，2014。
② 参见托马斯·莱赛尔，吕迪格·法伊尔. 德国资合公司法 [M]. 高旭军，等译. 北京：法律出版社，2005。
③ 参见叶林. 公司股东出资义务研究 [J]. 河南社会科学，2008（4）。
④ 例如，德国有限责任公司法第9a条第（1）款规定：未实际交付的虚假出资，由股东和公司的业务执行人作为连带债务人缴付亏空的出资，赔偿公司的损失。第9b条第（1）款规定：公司对根据第9a条所生的赔偿请求权的放弃或公司就此种请求权达成的和解，在该项赔偿于偿付公司债权人所必需之范围内无效。日本商法第266条规定"董事执行职务有恶意或重大过失时，该董事对第三人负连带损害赔偿责任"。

人破产，对此情形，执行法院应该受理债权人的破产申请，并参照《公司法司法解释（二）》的相关规定对未到期出资予以加速处理。（3）考虑到单个债权人有可能不愿意因为自身的代位申请或者破产申请而使公司其他债权人"搭便车"（因为代位或者破产申请的结果将有可能使作为债务人的公司进入破产程序，此时拟追缴的出资财产需在全体债权人中进行分配而导致启动破产程序的申请人自身债权清偿不足），因此也应在债权执行程序中赋予执行法院启动"加速到期"的职权，在规则设计上体现为：第一，在人民法院依据现行民事诉讼法履行所有执行程序后仍未执行到位的，执行法院可以在执行标的本息范围内（同时不应超过认缴股东未出资金额）裁定未出资股东需履行加速出资义务，股东加速出资的资金应进入法院执行的专户；第二，股东履行加速出资义务后，执行法院应发出公告，就执行程序中的执行标的情况和股东加速出资情况向社会公众予以通报，加速出资的股东视为提前完成实际出资义务；第三，公告发出后的6个月内，如果有其他债权人持其他生效判决或者仲裁裁决申报债权的，执行法院应就股东加速出资的金额按照其本身受理的执行标的的金额和其他生效判决、仲裁裁决的金额的比例关系进行分配；第四，如果公告发出后的6个月内，出现债务人破产或者破产重整情形的，执行法院应把股东加速出资的金额转入破产受理法院，并通知执行申请人依据原先的生效判决在破产法院申请债权；第五，如果公告发出后的6个月内，未出现前述第三项或者第四项情形，则执行法院可将加速出资的金额作为执行到位款向胜诉债权人进行支付，有剩余金额则向公司进行返还。

四、代结论

在商业社会中，各种主体的利益交织、渗透及掺杂在一起，商主体与商主体之间，商主体与投资者之间，作为第三方的商主体与作为相对方商主体的股东之间的利益都互相关联，有时还互相对立。同一个商行为中还可能呈现不同的商事法律关系和不同类型的商主体的利益诉求，法律在遇到这些主体利益冲突时如何保护就是一个考验商法执行的价值判断问题。① 有别于传统的以请求权基础为出发的民事裁判思路，公司法的纠纷解决需要以整个商业社会的整体交易规则为考虑，需要在强调交易效率、迅捷和安全的前提下通过不同的机制

---

① 参见郑彧. 商法思维的逻辑基础 [J]. 学术月刊，2016（3）。

设计平衡各方当事人的不同利益。在目前放松资本管制以促进营商发展的大环境下，一方面，我们当然需要保护市场主体的准入利益，确保公司法所赋予的股东出资期限利益。另一方面，我们也应该意识到股东出资利益保护的前提应该是保护投资者参与市场活动的便利，而不是纵容股东通过公司这种有限责任的法律工具损害其他主体的利益，由此也必然需要设计有相应的加速出资制度以制约股东的单方自利行为。因此，股东加速出资制度的必要性和可能性皆存在于公司法下股东与债权人利益的基本平衡，由此决定股东加速出资制度的设计既不能限制股东出资的便利性，又不能放纵股东出资的任意性。一项好的制度设计无非就是在于是否可以通过制度的设计引导不同利益主体之间自我博弈达成利益平衡，而最后的司法裁判仅是作为公平和效率之间选择的最后保障，由此反向为市场主体的行动决策和博弈提供一个"成本—收益"下的明确预期，并通过这种可预期化的成本分析诱导市场主体之间建立一种新的结构平衡，最终实现全体股东与全体债权人之间利益的平等保护和均衡保护。

【法制建设】

公司法修改背景下独立董事信义义务再思考

程红星　王　超*

摘　要：董事对公司负有信义义务，已经成为普遍接受的理论观点和法律规则。独立董事与其他董事一样负担基本等同的信义义务，包括忠实义务和勤勉义务。然则，独立董事制度作为一项舶来品，在我国落地生根的过程中，出现一些不适应的地方，尤其是关于独立董事在上市公司信息披露中的定位及勤勉义务分歧较大。毋庸置疑的是，独立董事制度的引入在改善上市公司治理方面发挥积极作用，结合境内外实践来看，关于独立董事的信义义务，其内涵和外延并没有严格定式，勤勉义务履行的客观标准尚未明确形成，扩张和限缩其义务均应慎重处理，须与法律制度、行政执法、司法审判等相协调。追究义务违反的法律责任时应重点考察其实际履职情况，以主客观相结合的方式评估独立董事是否勤勉尽责。

关键词：独立董事　信义义务　忠实义务　勤勉义务　公司治理

一、问题的提出

独立董事制度以在美国的发展及应用最典型，因优化公司治理结构而生，为制衡权利而来。① 独立董事在我国的引入先是为满足香港联交所的上市规则，而后成为中国公司"境外上市"的普遍惯例，最后发展成为一项对于全部上市

---

* 程红星，法学博士，中国金融期货交易所期货市场巡回审理协作部负责人；王超，中国金融期货交易所期货市场巡回审理协作部员工。本文仅为两位作者观点，不代表其所在单位的观点。

① 参见朱列玉，郑怡玲. 当前中国独立董事制度的困境与对策[M]//. 郭文英. 投资者（第9辑）. 北京：法律出版社，2020。

公司和部分金融公司的法定要求。① 2001 年，中国证监会颁布《关于在上市公司建立独立董事制度的指导意见》，2005 年，独立董事写进公司法，经过多年的发展，作为舶来品的独立董事制度在中国这片土地上生根发芽。在完善公司治理，提高上市公司质量的同时，也表现出一些不适应的地方，理论和实务中关于独立董事的义务及责任开始出现一些分歧。独立董事对于公司承担何种义务、何种情况下可以免责，已成为上市公司信息披露违法案件中争议的焦点和热点。据统计，2016—2018 年，中国证监会公布的所有行政处罚决定中共有28 宗涉及上市公司的独立董事，处罚独立董事接近百人。② 2019 年证券市场涉及独立董事行政处罚共 19 件，共 54 名独立董事受处罚③；2020 年证券市场涉及独立董事行政处罚共 18 件，共 53 名独立董事受处罚④。在信息披露违法案件中，独立董事被追责的数量总体处于高位。2020 年 3 月 1 日，新证券法明显加大违法行为的打击力度，行政层面大幅提高罚款数额⑤，民事层面明确董监高在信息披露违法民事赔偿的连带责任并构建中国特色的证券代表人诉讼。在此背景下，独立董事违反法定义务可能要承担的责任明显加重，权利与责任（义务）的天平渐有失衡之势。此时，有必要回顾本源，研究独立董事与公司的法律关系，以公司法修改为契机，重新思考独立董事的信义义务，尤其是上市公司独立董事在信息披露上的勤勉义务的内涵、标准，如何行使异议权等一系列问题，探讨如何在立法、执法、履职保障等方面完善独立董事相关制度。

二、独立董事信义义务的内涵与框架

（一）独立董事信义义务的内涵

信义义务理论滥觞于衡平法中的信托法律关系，即一方承诺将为另一方最佳利益，或双方共同的利益而行为。后来，其适用范围逐步延伸至代理法、合

---

① 参见方流芳. 独立董事在中国：假设和现实 [J]. 政法论坛，2008 (5)。
② 参加汤欣. 谨慎对待独董的法律责任 [J]. 中国金融，2019 (3)。
③ 参见他山咨询. 2019 年独立董事行政处罚分析报告 [EB/OL]. https://mp.weixin.qq.com/s/89OZd9lRQDlCFCSKe3chAA。
④ 参见他山咨询. 2020 年独立董事行政处罚分析报告 [EB/OL]. https://mp.weixin.qq.com/s/ZDbPxq3AupO6OuCSYSwn-A。
⑤ 根据《证券法》（2019 年修订）第一百九十七条的规定，如果上市公司未披露有关信息，负有责任的独立董事将会受到 20 万元到 200 万元的罚款；如果上市公司披露信息但有虚假陈述的话，负有责任的独立董事将会受到 50 万元到 500 万元的罚款。

伙法以及公司法等领域，成为现代公司法的核心制度之一。① 内涵的丰富性和外延的宽广性使对信义义务的讨论难以跳脱某一具体法律部门展开。② 在公司法领域，董事信义义务规则确立司法干预公司经营的边界，在平衡董事权利义务方面具有关键作用。基于董事与公司之间的信义义务关系，可以拆解出忠实和勤勉（注意）义务，二者均以维护公司整体利益为宗旨。③ 不过忠实义务与勤勉义务具有不同的内涵。勤勉义务又被称为谨慎义务或善管义务等，是指董事在处理公司事务时，应尽如同一个谨慎的人处于同等地位与情形下对其所经营的事项所给予的注意一样的谨慎义务。④ 忠实义务的本质是要求董事不能将自己的私利置于与公司利益相关冲突的位置，其内涵通常被认为是一个广义上的利益冲突问题，并且作为一项消极义务，禁止董事从事利益冲突行为，至少是不得进行未经有效程序批准，或者不具有内在公平性的利益冲突交易。⑤ 总体而言，忠实义务的主要目的是克服董事的贪婪和自利行为，主要表现为一种消极的不作为义务，避免利益冲突，勤勉义务的主要目的是克服董事的懒惰和无责任心，主要表现为一种积极的作为义务，董事需发挥主观能动性，发挥聪明才智。⑥

（二）独立董事信义义务的框架

我国现行公司法、证券法、《上市公司信息披露管理办法》以及《上市公司治理准则》《上市公司独立董事履职指引》等证券法律、法规、规章及行业自律规范共同构成独立董事信义义务的制度框架。⑦ 在公司治理层面，《公司法》（2018年修订）第一百四十七条规定"董事、监事、高级管理人员应当遵

---

① 参见楼建波，闫辉，赵杨．公司法中董事、监事、高管人员信义义务的法律适用研究——以北京市法院2005—2007年的相关案例为样本的实证研究［M］//．王保树．商事法论集（第21卷）．北京：法律出版社，2012．

② 参见朱望．公司董事横向信义义务的理论证成——迈向公司治理现代化［J］．东南大学学报（哲学社会科学版），2020（增刊）．

③ 参见叶林．董事忠实义务及其扩张［J］．政治与法律，2021（2）．

④ 参见楼建波，闫辉，赵杨．公司法中董事、监事、高管人员信义义务的法律适用研究——以北京市法院2005—2007年的相关案例为样本的实证研究［J］//王保树．商事法论集（第21卷）．北京：法律出版社，2012．

⑤ 参见张国琪．董事信义义务体系扩张的实现路径——最高人民法院再审案件"斯曼特案"的机制发现［J］．河南科技学院学报，2021（1）．

⑥ 参见陈鸣．董事信义义务转化的法律构造——以美国判例法为研究中心［J］．比较法研究，2017（5）．

⑦ 参见张婷婷．独立董事勤勉义务的边界与追责标准——基于15件独立董事未尽勤勉义务行政处罚案的分析［J］．法律适用，2020（2）．

守法律、行政法规和公司章程，对公司负有忠实义务和勤勉义务。"第一百四十八条以列举的方式对董事的忠实义务予以细化，明确董事不得从事包括挪用公司资金在内的七种行为。在公司运营层面，《证券法》（2019 年修订）第八十二条规定"发行人的董事、高级管理人员应当对证券发行文件和定期报告签署书面确认意见……发行人的董事、监事和高级管理人员应当保证发行人及时、公平地披露信息，所披露的信息真实、准确、完整。"由此可见，信息披露义务是董事勤勉义务的基本载体，作为董事应当对公司信息披露的真实、准确、完整负责。① 新修订的《上市公司信息披露管理办法》（2021 年 5 月 1 日起施行）第四条规定"上市公司的董事、监事、高级管理人员应当忠实、勤勉地履行职责，保证披露信息的真实、准确、完整，信息披露及时、公平。"总体来看，相关法律虽然对董事，包括独立董事的信义义务进行规定，但相对原则。相较于忠实义务而言，勤勉义务的规定显得更为初步，法律在概括性地规定董事对公司负有勤勉义务的同时，并没有对勤勉义务这一重要法律概念的内涵和外延作出界定。②《公司法》第一百二十二条规定"上市公司设独立董事，具体办法由国务院规定。"该条款属于委任性规则，然而至今国务院并没有出台行政法规与之相匹配。③

除法律层面之外，包括《上市公司治理准则》（2018 年修订）等也有关于独立董事义务的相关规定。《上市公司治理准则》第二十一条规定"董事应当遵守法律法规及公司章程有关规定，忠实、勤勉、谨慎履职，并履行其作出的承诺。"第三十七条规定"独立董事应当依法履行董事义务，充分了解公司运营运作情况和董事会议题内容，维护上市公司和全体股东的利益，尤其关注中小股东的合法权益保护。"可见，相较于一般董事，独立董事的信义义务所面向的主体更加广泛，需要关注中小股东的合法权益，且鉴于独立董事在部分事项上有特别职权，在信义义务的内容上，独立董事虽不直接参与公司运营，但有义务了解公司运营情况，发挥监督职能。2020 年 8 月 11 日，中国上市公司协会发布新修订的《上市公司独立董事履职指引》（以下简称《履职指引》）

---

① 参见姜沅伯. 完善上市公司董事勤勉标准 [J]. 中国金融, 2020（3）。
② 参见楼建波, 闫辉, 赵杨. 公司法中董事、监事、高管人员信义义务的法律适用研究——以北京市法院 2005—2007 年的相关案例为样本的实证研究 [M] //. 王保树. 商事法论集（第 21 卷）. 北京：法律出版社, 2012。
③ 参见周陈, 薛智胜. 我国独立董事勤勉履职的反思与重构 [J]. 浙江金融, 2018（2）。

和《独立董事促进上市公司内部控制工作指引》，相关指引进一步明确独立董事的义务、独立董事职权的行使、参加董事会会议的履职要求等。《履职指引》第二章详细列明独立董事十一项义务，包括董事一般义务、保持独立性的义务、出席董事会及股东大会会议、关注上市公司相关信息、对上市公司及相关主体进行监督和调查等义务。

三、独立董事信义义务境内外实践与反思

（一）独立董事在我国的实践与分歧

独立董事作为公司董事会成员，依法应该履行董事应尽的勤勉尽责义务和忠实义务。实践中，认识分歧较大的焦点在于上市公司独立董事的勤勉尽责义务，尤其是在信息披露中，独立董事是否尽到勤勉尽责和注意义务，是否应承担相应责任认识有较大差异。

1. 行政执法：过错推定责任

根据证券法的相关规定[①]，董事（含独立董事）应保证上市公司所披露的信息真实、准确、完整。因此，独立董事对相关报告和文件签署书面确认意见，也就应当对所披露的信息的真实性、准确性、完整性负责。若这些信息存在虚假记载、误导性陈述或重大遗漏，独立董事未能举证尽到忠实和勤勉尽责义务，则应当承担法律责任，[②] 也即独立董事对公司违法行为所承担的是一种过错推定责任。此外，证监会《信息披露违法行为行政责任认定规则》第二十二条明确规定，不直接从事经营管理；能力不足、无相关职业背景；任职时间短、不了解情况；相信专业机构或者专业人员出具的意见和报告；受到股东、实际控制人控制或者其他外部干预，不得单独作为不予处罚情形认定。而且，在正常履职的情况下，不知情、不了解、未参与恰恰是其未勤勉尽责的证明。

[①] 2005年《证券法》第六十八条：上市公司董事、高级管理人员应当对公司定期报告签署书面确认意见。上市公司监事会应当对董事会编制的公司定期报告进行审核并提出书面审核意见……上市公司董事、监事、高级管理人员应当保证上市公司所披露的信息真实、准确、完整。《证券法》（2019年修订）第八十二条：发行人的董事、高级管理人员应当对证券发行文件和定期报告签署书面确认意见……发行人的董事、监事和高级管理人员应当保证发行人及时、公平地披露信息，所披露的信息真实、准确、完整。董事、监事和高级管理人员无法保证证券发行文件和定期报告内容的真实性、准确性、完整性或者有异议的，应当在书面确认意见中发表意见并陈述理由，发行人应当披露。发行人不予披露的，董事、监事和高级管理人员可以直接申请披露。

[②] 参见钱如锦.论独立董事行政责任之豁免——以证监会处罚决定为视角[M]//.黄红元.证券法苑，2017（第21卷）.北京：法律出版社，2017。

因此，实践中，对于独立董事提出的公司故意隐瞒、不知悉且未参与、信赖专业机构出具的报告等，证监会不予认可。不过，在行政处罚中，独立董事一般被认定为其他直接责任人员，相关处罚大多是同一案件的处罚决定中的最低两档，处罚金额较低，以 2020 年为例，在被处罚的独立董事中超过 75% 的罚款金额是在 10 万元以下。①

2019 年修订的《证券法》第八十二条引入董监高信披的异议权相关规定，独立董事似乎可以根据此条的规定，行使异议权进而免除相关责任。但根据证监会的声明②，上市公司董监高对年度报告内容行使异议权，并不当然免除其勤勉尽责义务。独立董事在履职尽责过程中，确保意见的有效表达，是履行勤勉义务的重要行为规范③。新修订的《上市公司信息披露管理办法》第十六条也明确规定，"公司董事、高级管理人员应当对定期报告签署书面确认意见，说明董事会的编制和审议程序是否符合法律、行政法规和中国证监会的规定，报告的内容是否能够真实、准确、完整地反映上市公司的实际情况。董事、监事无法保证定期报告内容的真实性、准确性、完整性或者有异议的，应当在董事会或者监事会审议、审核定期报告时投反对票或者弃权票。董事、监事和高级管理人员无法保证定期报告内容的真实性、准确性、完整性或者有异议的，应当在书面确认意见中发表意见并陈述理由，上市公司应当披露。上市公司不予披露的，董事、监事和高级管理人员可以直接申请披露。董事、监事和高级管理人员按照前款规定发表意见，应当遵循审慎原则，其保证定期报告内容的真实性、准确性、完整性的责任不仅因发表意见而当然免除"。

2. 民事赔偿：与过错相适应

相较于行政处罚，我国独立董事民事责任的追究以及相关案例总体较少。在该类案件中，法院通常认为独立董事未履行勤勉义务，应对信息披露违规而给投资者造成的损失承担责任，但综合考虑公平等因素，会考量独立董事的过错状态与过错程度，将连带责任的适用范围，限定为董事对上市公司信披违规

---

① 参见他山咨询. 2020 年独立董事行政处罚分析报告 [EB/OL]. https：//mp.weixin.qq.com/s/ZDbPxq3AupO6OuCSYSwn-A。

② 关于兆新股份年度报告相关事项的声明 [EB/OL]. http：//www.csrc.gov.cn/pub/newsite/zjhxwfb/xwdd/202005/t20200515_376495.html。

③ 参见张婷婷. 独立董事勤勉义务的边界与追责标准——基于 15 件独立董事未尽勤勉义务行政处罚案的分析 [J]. 法律适用，2020（2）。

存在主观故意的情形。① 不同于公司内部董事，独立董事作为公司外部人士及兼职者，一般不参与公司的日常经营管理，其主要通过参加董事会会议对相关议案进行审议的方式参与公司治理，扮演的是一种独立的监督监控角色。对其过错的审查更多表现为其是否具有职务懈怠行为，即对公司拟披露的信息是否未尽到合乎情理的核实和调查。② 也正因为如此，独立董事民事责任理论上也相对有限，加之此前我国证券集团诉讼缺位，从现实上看也未发展起来，民事诉讼的风险基本可以被忽略。③ 不过，随着证券法证券代表人诉讼的引入以及最高法司法解释的出台，现有局面或被打破。

3. 司法裁判：适度标准界定独立董事的勤勉义务

自 2001 年陆家豪案以来，被中国证监会及其派出机构作出行政处罚的独立董事，先后有多名独立董事提起行政诉讼，争议的焦点在于董事勤勉义务的边界。法院通过案件审理，基本上肯定行政处罚的执法逻辑，并通过个案说理进一步阐明独立董事在上市公司信息披露中勤勉义务的标准及要求。例如，在 2016 年胡晓勇案中，法院认为判断董事的勤勉义务应当采取适度标准。这个适度的标准，就是董事应当善意、合理、审慎地履行自己的职责，尽到处于相似位置上的普通谨慎的人在相同或类似情况下所需要的注意义务，而且当董事会决议违反法律法规规定的时候，董事如果认为自己尽到勤勉尽责义务，应当就自己善意、合理、审慎地履行职责承担相应的举证责任。④ 再如胡某某诉中国证券监督管理委员会证券监管行政处罚及行政复议案中，法院认为在认定上市公司独立董事勤勉义务履行的问题上，一方面，应当考虑独立董事不在公司担任董事外的其他职务，不直接参与公司具体经营的客观实际状况；另一方面，也应关注独立董事在公司治理结构中所具有的独立履行职责、独立客观判断，不受上市公司主要股东、管理层及利害关系人影响的特性。在有限与有为的尺度中，准确界定上市公司独立董事的勤勉义务。即上市公司独立董事应当善意、审慎、合理的履行职责，尽到如同普通谨慎的人在管理其类似个人商业事

---

① 王怡丞，左进玮. 独立董事的信息披露监督定位与勤勉义务研究 [J]. 金融监管研究，2020 (12)。
② 参见周成. 独立董事的虚假陈述责任 [J]. 人民司法，2019 (19)。
③ 参见方流芳. 独立董事在中国：假设和现实 [J]. 政法论坛，2008 (5)。
④ 参见张婷婷. 独立董事勤勉义务的边界与追责标准——基于 15 件独立董事未尽勤勉义务行政处罚案的分析 [J]. 法律适用，2020 (2)。

务的情形下所应有的同等程度的勤勉和注意。① 可见，独立董事的勤勉义务是过程性义务和积极的注意义务，义务的履行应符合主动性、切实性的要求，独立董事在任职期间应了解并持续关注公司生产经营状况、财务状况，主动调查、获取决策所需的资料，积极问询，提出质疑，提供建议，达到能够独立作出判断的程度。

（二）美国独立董事义务及责任的发展

美国独立董事制度之所以建立，可以说是为解决公司被内部人控制的客观事实，立法机关通过对既有单层制度框架内董事会监督机制进行适当外部化的改良，引入外部的独立董事对内部人形成一定的监督制约力量，从而形成独立董事制度。② 回溯美国独立董事的缘起和历史可以发现，1940年投资公司法可以视作独立董事制度的奠基之作，该法确立独立董事制度的基本框架③，规定至少40%的董事需要由独立人士担任。此后美国的相关公司和证券法规虽然未对公司独立董事人数的最低比例作出规定，从美国的实践来看，独立董事所占的比例越来越高。④ 背后深层次的原因之一在于美国公司董事会与经理层之间关系的变化。在1950年以前，美国公司董事会与经理层之间的制衡关系还比较稳定和协调，但在1960年以后，美国大型公众公司的持股越来越分散，董事会逐渐被以首席执行官为首的经理层所操纵，使董事会对经理层的监督日益缺乏效率，推进独立董事制度逐渐成为理论界和实务界的普遍共识。⑤ 随着安然等公司丑闻的爆出，为增进投资者对于公司财务报表的信赖度，一场声势浩大的公司治理改革运动逐步展开。2002年，美国推出公司改革法案（《萨班斯法案》），该法案第302条规定上市公司首席执行官和首席财务官，需要在公司年报和季报上签字，保证向美国证监会提交的财务报告真实。受《萨班斯法案》和交易所规则的影响，美国公司的独立董事占比逐渐超过70%。

---

① 参见霍振宇. 胡某某诉中国证券监督管理委员会证券监管行政处罚及行政复议案——上市公司独立董事勤勉义务履行的认定标准 [EB/OL]. https://mp.weixin.qq.com/s/wk5KEpWnGlR2HBP5A8Wj5w.

② 参见徐兆基. 论上市公司监督制度的完善——兼评新《公司法》第一百二十三条 [J]. 云南大学学报法学版，2008（3）.

③ 参见李海龙. 独立董事制度的创设及革新：美国经验与中国借鉴——以共同基金为中心展开 [J]. 河北法学，2012（2）.

④ 参见张卫. 美国的公司独立董事制度 [EB/OL]. http://bjgy.chinacourt.gov.cn/article/detail/2012/09/id/887469.shtml.

⑤ 参见彭丁带. 美国的独立董事制度及其对我国的启示 [J]. 法学评论，2007（4）.

独立董事功能的有效发挥，离不开外部有效的监督和制约，除声誉机制等外，对违反义务课以法律责任可以促使独立董事更加积极、主动地关注公司的业务和事务，更好地行使独立判断。在美国州法层面，是从信义义务角度对董事责任进行认定，在此过程中会区分董事是否"善意"，而善意与否的界定最终都指向要增加董事的积极性和独立性；在联邦证券法层面，董事责任主要是一种潜在的威慑。[1] 在信息披露违法违规中，美国证监会很少对独立董事提起诉讼，而且独立董事也较少承担个人民事责任。[2] 但关于民事责任较少，也有多种解释，包括美国公司法商业判断规则、公司章程可能存在对违反注意义务的董事责任豁免条款、董责险广泛使用等[3]，在证券集体诉讼中，原告律师也没有动机证明董事是明知的，因为这可能会减少董事责任险在和解时候的赔偿金额，因为董事如果被证明为明知，则不属于董事责任险的赔偿范围。总体而言，在追究独立董事责任方面，美国相对克制，但是在世通案件中，法院也要求董事不能简单依赖审计师的意见，需要自身积极主动地关注公司财务数据的真实性。

（三）小结

通过中美独立董事缘起及实践的比较可以发现，独立董事制度的推出均是为改善公司，尤其是上市公司治理，解决公司内部人控制问题。但中美不同的地方在于，美国由于股权高度分散，主要解决公司被经理层控制的问题，而中国由于大部分上市公司持股相对集中、家族企业还是占有一定比例、以散户投资者为主体的市场结构，主要解决的是公司被大股东控制的问题，引入独立董事主要是为加强信息披露的外部监督，保护中小投资者利益。受限于独立董事的定位，事实上，在追责独立董事违反信义义务的责任上，中国同美国一样均保持一定的克制。民事责任的缺位、行政处罚较低的罚款金额，与美国通过多种途径为董事责任提供豁免，实际效果有相近之处。即双方都希望通过外部的处罚来制约监督独立董事，激发独立董事制度的活力，但也会综合平衡独立董事在获取信息、时间、能力方面的不足。当然，公司治理是个系统性工程，独

---

[1] 参见 Jeffery Gordon. The Rise of Independent Directors in the United Statess, 1950-2005: of Shareholder Value and Stock Market Prices, 转引自法经笔记. 美国独立董事制度的起源与发展 [EB/OL]. https://mp.weixin.qq.com/s/LajthoT_iieoL_6yapJRYA。

[2] 参见邢会强. 美国如何追究独立董事的法律责任 [EB/OL]. https://mp.weixin.qq.com/s/kmLxeFTFeN6nsNKfUTsjkQ。

[3] 参见汤欣. 谨慎对待独董的法律责任 [J]. 中国金融，2019 (3)。

立董事制度只是其中的一环，单纯地通过移植独立董事制度愿景是好的，但需要其他制度以及执法、司法相配合。当前，新证券法大幅提高执法力度，民事赔偿格局也将发生明显改变，对于独立董事执业提出新的挑战。但是，法律不强人所难是个基本的原则，当前关于独立董事的责任总体较为严格，通过进一步厘清勤勉责任的边界，探索引入部分情形下的责任豁免，结合我国证券市场精准打击、聚焦实际控制人、控股股东等关键少数的实际，或许也可以给独立董事减减负。

四、完善独立董事信义义务规范的若干建议

（一）以公司法修改为契机完善独立董事相关立法

当前公司法修改已提上议事日程，董事信义义务的相关规范作为现代公司法律制度核心规则之一有必要予以再思考和再完善。现行公司法初步建构起董事忠实义务和勤勉义务的框架，并以列举方式对忠实义务进行规定，对独立董事制度作出委任性规定。随着执法实践和司法审判的深入，当前公司法领域关于独立董事制度的规范、关于董事勤勉义务的具体标准尚不完善。建议在此次修法过程中，与证券法、《上市公司信息披露管理办法》以及证券市场自律规则等保持联动，在公司法中丰富扩充独立董事的相关内容，包括独立董事职责、选任、权利义务等。同时，可以参照忠实义务列举式的规定，对董事勤勉义务作出主客观相结合的标准规定，从而为独立董事提供履职行为指南，也为监管执法与司法裁判提供更为充足的依据。[①]

（二）立足实践细化独立董事信义义务标准

独立董事制度作为改善上市公司治理的重要举措，其职责和义务来源于法律的直接规定。在执法和司法裁判中，虽然存在解释的空间，但是一方面不能过度限缩独立董事的勤勉义务，将其直接虚化、"花瓶化"，但是也不能过度扩张，强人所能，将独立董事逼出市场，诱发寒蝉效应。勤勉义务是一种积极性、过程性的义务，需要独立董事发挥主观能动性，关注公司运营情况，作出独立判断，发挥监督作用。因此，除在公司法中丰富独立董事相关内容之外，也可以结合行政执法和司法裁判实际，在《上市公司治理准则》《上市公司独立董事履职指引》中进一步细化独立董事信义义务标准，明确哪些行为是规定

---

① 参见姜沅伯.完善上市公司董事勤勉标准[J].中国金融，2020（3）。

动作、哪些行为是自选动作，监督和激励独立董事履职尽责。在执法过程中，对照相关标准，结合个人情况具体分析，关注独立董事实际履职情况，即是否充分关注公司事务、是否作出独立判断等。

(三) 改革创新独立董事履职尽责相关保障

保护中小投资者合法权益，是独立董事设置的初衷之一。但是独立董事的选任、相关薪酬标准及发放主要由公司主导，中小股东并不能左右，因此要想独立董事真正成为制衡大股东、实际控制人的力量，就必须改变目前独立董事与公司关系过密的现状。改革的举措包括增强独立董事的独立性，建立独立董事履职专项津贴基金，改革独立董事选任和津贴发放制度，建立独立董事协会等①；保障独立董事的知情权，为外部审计的启动提供支持等。② 中证中小投资者服务中心作为专业的投资者保护机构，可以探索由其推荐一定数量的独立董事到上市公司，经任命的独立董事也可以依托投服中心聘请外部审计机构和咨询机构对上市公司进行监督，此种机制也可与之前推行的"持股行权"形成有效互动，进一步提高上市公司信息披露的质量。当然，也不能走向另外一个极端，要求所有独立董事均独立于公司大股东或管理层，而成为中小股东的代言人。③ 在权力的制约和监督过程中，理想的状态是维系一种相对的平衡。

---

① 参见周佰成，等. 中国上市公司独立董事功能缺失与制度重塑 [J]. 社会科学战线，2017 (3)。
② 参见朱列玉，郑怡玲. 当前中国独立董事制度的困境与对策 [M] //郭文英. 投资者（第9辑）. 北京：法律出版社，2020。
③ 参见姜朋. 独立董事相对论 [J]. 中外法学，2015 (6)。

实务前沿

证券特别代表人诉讼需要考量和把握的司法政策

周友苏*

摘 要：证券特别代表人诉讼与一般证券民事诉讼存在显著区别。一般证券民事诉讼的赔偿额远超行政罚款，易造成给利益相关方带来更大损失的后果，遑论证券特别代表人诉讼。如果证券特别代表人诉讼处理不当，可能耗费较多司法资源，引发几方面的失衡。建议投保机构审慎选择案件，人民法院审慎受理和审理案件，在裁判尺度上准确把握民事责任的性质，注重多元化争议解决方式的运用。

关键词：证券特别代表人诉讼 民事责任 司法政策

代表人诉讼是证券法 2019 年修订后推出的一项重要的投资者保护制度，同时也是一项全新的司法制度。其中，投保机构参与和主导的特别代表人诉讼尤其引人注目。从立法上看，特别代表人诉讼着眼于公众投资者保护，充分考虑到公众投资者在证券违法案件中的集体行动困境，对于加大打击证券违法行为力度，提高违法成本，遏制和减少证券市场多发的虚假陈述、内幕交易、操纵市场等行为，具有非常积极的意义。作为一项刚刚推出的新制度，司法实践中存在不少需要研究的问题，除法律适用上的技术问题，还有司法政策上的考量和把握问题。司法政策更多的是从价值角度来看待和讨论司法问题，涉及法律适用的价值判断和价值取向。从对当前一些典型案件梳理的情况看，正确理

---

* 周友苏，四川省社会科学院研究员、教授，中国法学会商法学研究会副会长，中国法学会证券法学研究会副会长。

解和把握司法政策比单纯注重技术性操作更具现实意义。

一、特别代表人诉讼的特点

特别代表人诉讼的司法政策考量必须建立在该类诉讼的特点之上，需要对特别代表人诉讼与一般证券民事诉讼进行比较。根据我国《证券法》第九十五条的规定和最高人民法院 2020 年 7 月发布的《关于证券纠纷代表人诉讼若干问题的规定》，二者具有如下主要区别。

第一，诉讼的规模不同。诉讼的规模主要包括启动人数、参与人数、索赔金额等。就启动人数而言，一般证券民事诉讼没有人数下限，而代表人诉讼最少则为 10 人以上，特别代表人诉讼为 50 人以上。启动人数的不同可能导致参与人数的巨大差异，就目前情况看，一般证券民事诉讼可以是 1 人或几人，最多也就数十人或达到上百人；特别代表人诉讼依照《证券法》第九十五条规定的"默示加入、明示退出"的原则，理论上可能达到数千人甚至数十万人之多。参与人数的多少，往往会影响索赔金额的大小，前者的索赔额可能是有限的，而后者索赔额很可能就是一个"天价"。

第二，诉讼的性质不同。特别代表人诉讼具有鲜明的公益性质，而一般证券民事诉讼则带有明显的私益性质。性质上的差异决定诉讼形成的激励机制存在较大的不同。一般诉讼的私益性决定它是一种依靠市场机制来启动和支撑的诉讼，从实践情况看，常常是由律师通过广告方式来主动征集公众投资者参与并作为原告。目前提起民事赔偿的诉讼基本都是已经由中国证监会查明违法事实并施加行政处罚的案件，律师代理不仅可以省去许多举证耗费的成本，而且胜诉的可能性极大，因此，律师征集原告一般都会采取事前不收取诉讼费用的"全风险代理"方式，律师获利主要来自对胜诉收益的分成。上述操作模式对作为原告的投资者也很有吸引力，投资者自己可以不花费任何成本而获得胜诉收益，而原本投资者对获得上述收益无法抱有任何希望。律师与投资者（原告）双方都能获益成为诉讼的激励机制：律师以较小的人力风险资本投入就可以获得较为稳定的诉讼代理费收入；投资者可以在没有投入成本的情况下获得胜诉的大部分利益。这正是当前证券民事诉讼成为炙手可热案源的重要原因之一。但特别代表人诉讼却完全是一种非市场机制的公益诉讼，具有很强的公益性质，投保机构不是依靠诉讼代理收入来激励，而完全是出于保护投资者的机构宗旨来驱动。

第三，诉讼的后果不同。一般证券民事诉讼的索赔额是比较有限的，对诉讼被告而言，通常能够承受败诉的不利后果，而特别代表人诉讼的索赔额理论上是"天价"，很可能是被告无法承受的、会导致公司破产和个人倾家荡产的，因此被业界称为具有"核弹级"的杀伤力。笔者曾依照一个已经发生的案件进行过计算：某上市公司因欺诈发行和虚假陈述被投资者诉至人民法院，人民法院依法判决其赔偿投资者一千余万元人民币，按照这样的赔偿额为基准，在不考虑其他因素的情况下，如果启动特别代表人诉讼，将会使赔偿额达到十多亿元人民币，这个赔偿额足以让该上市公司破产。

第四，诉讼的可控性不同。可控性是指当事人在诉讼过程中通过行使处分权对诉讼程序的启动、诉讼进展、调解、执行等问题作出选择来进行控制。在这方面，特别代表人诉讼与一般证券民事诉讼的区别在于一般诉讼由律师来主导，其原因在于律师作为代理人拥有专业知识，并且公众投资者（原告）存在"集体行动障碍"；而特别代表人诉讼是由投保机构来主导，其主导的基础主要来源于机构的公益性质和因法律授权产生的公信力。在可控程度上，一般证券民事诉讼中律师与投资者之间的委托代理关系使律师的权利行使受到较多的限制；而在特别代表人诉讼中，投保机构一旦获得50名投资者的初始授权，其权利就主要来自法律授权，在诉讼中完全可以自主行使民事诉讼中的处分权。换言之，投保机构在特别代表人诉讼中拥有较强的自主权利，对诉讼的可控性程度更高，不仅可以制作调解方案，与被告达成调解，还可以在诉讼过程中变更、放弃诉讼请求甚至撤诉。

二、典型案例的实证分析

笔者梳理广东榕泰、金亚科技、欣泰电气、ST飞乐和康美药业5家上市公司的违法事实及处罚、民事诉讼、股东人数等情况（见表1），在综合分析的基础上，可以得出下列几个结论。

【实务前沿】

表1 5家上市公司违法事实及处罚等情况

公司名称	违法事实及行政处罚情况	民事诉讼情况	股东人数	备注
广东榕泰	虚假陈述，对公司罚款300万元，实际控制人罚款330万元，其余13人罚款920万元	2021年6月17日一些投资者在向广州中院提交索赔立案材料，已立案	5.42万人（行政处罚前2020年一季报）	
金亚科技	虚假陈述、欺诈发行对公司罚款60万元，实际控制人罚款90万元，其余15人罚款275万元	截至目前，二审判决481例起诉，赔偿金额合计1395万元，支付案件受理费合计28万元	4.49万人（2018年年报）	2020年5月退市
欣泰电气	欺诈发行、虚假陈述对公司罚款832万元，实际控制人罚款892万元，其余16人罚款共计183万元	兴业证券先行赔付投资者2.42亿元，兴业证券赔付后将欣泰电气、相关中介机构、欣泰电气控股股东和相关责任人26名被告诉至法院，请求赔偿先行赔付而超出自己应当赔偿额2.27亿元	1.33万人（行政处罚前2016年一季报）	2017年8月退市，2018年9月进入破产重整程序
ST飞乐	信息披露违法：对公司罚款60万元	投资者因虚假陈述向法院起诉，被媒体称为国内采用普通代表人诉讼第一例，请求赔偿额共计1.23亿余元，人均获赔39万余元	7.20万人（行政处罚前2019年三季报）	
康美药业	虚假陈述，对公司罚款60万元，对实际控制人罚款90万元	投资者向法院起诉，被称为国内特别代表人诉讼程序第一例，尚未宣判	18.16万人（行政处罚前2020年一季报）	康美药业2021年4月22日公告，债权人已向法院提出破产重整

首先，5个案例基本是实际控制人指使作出的财务造假和虚假陈述行为，即由个别人的违法行为造成严重的违法后果。

其次，5个上市公司涉及的行政罚款均远低于民事赔偿额，罚款与民事赔偿额相比极低：第一，已经二审判决的金亚科技，罚款与民事赔偿额之比为1∶23.7；第二，欣泰电气按照新证券法对公司行政罚款尽管已经达到832万元，但与民事赔偿额之比也达到1∶28.8；第三，ST飞乐为普通代表人诉讼，二者之比竟达到1∶205。这说明，代表人诉讼的杀伤力就非同一般，更不用说是"核弹级"的特别代表人诉讼。

再次，未采取代表人诉讼的民事案件，起诉股东人数远远小于有权起诉股东的人数。如金亚科技涉及481例诉讼，法院判决涵盖的股东为一千余人，但有权起诉的股东人数高达4.49万。尽管股东人数不能完全对应赔偿额多少，但如果启动特别代表人诉讼，按照"明示退出、默示加入"的原则，涉诉的金额肯定会比目前要多，并且可以说完全不在一个量级上。

最后，5个案件均引起退市、破产等给投资者带来更大损失的后果，而且这些后果的最终承受者不仅涉及后手股东，还涉及利益相关的各个方面，包括债权人、公司员工、公司客户乃至地方经济发展、国家税收等。

三、司法政策考量的几个因素

如同不少学者研究得出的结论，任何一项法律制度都是"双刃剑"，其实施都不可能完美无瑕，都可能是有缺陷的，在为经济社会带来裨益的同时，也会产生一些负外部效应。[①] 特别代表人诉讼在正效应显著的情况下，也不可避免地会带来一些不可忽视的负效应，对此我们要有清醒的认知。

（一）案件处理可能出现几个方面的失衡

所谓的失衡是指可能直接影响案件处理公平的状况，失衡导致的结果是实际操作的情形与制度设计的初衷发生偏离甚至严重背离，制度实施出现合目的性问题。从司法实践对欺诈发行和虚假陈述案件的处理情况看，由于这两类案件民事责任首先是由发行人或上市公司来承担，至少有这样几点失衡是需要关注的。

第一，少数人的违法行为由多数人来埋单，往往是控股股东和实际控制人的行为，但埋单却是上市公司（发行人）。第二，由于埋单者是上市公司，基于股市换手率高的特点，上市公司埋单实际上变成前手投资者受到的损失由后手投资者来埋单。第三，启动诉讼并非出于所有投资者的意志。对于公众投资者而言，诉讼成本与收益的不对称和偷懒"搭便车"的动机会使其作出不提起诉讼的选择，从而导致投资者集体行动的困难。境内外实践表明，一般性的证券赔偿诉讼往往是个别律师通过征集诉讼原告的方式来发起，诉讼结果在上市公司埋单的情形下很可能是以多数人利益受损来使少数人获益，由此会引发处理结果是否公平的追问。特别代表人诉讼的公益性能够较好地解决少数人获益的问题，但却没有解决案件的启动并非出于全体投资者意愿的问题。公众投资

---

① 参见朱慈蕴. 公司独立人格与公司人格否认：从事前规制到事后救济 [M] //. 王保树，王文宇. 公司法理论与实践：两岸三地观点. 北京：法律出版社，2010.

者集体行动障碍同样存在于"明示退出"之中。尽管特别代表人诉讼具有合法性与合理性，但也存在与民事诉讼的"不告不理"原则存在一定冲突的嫌疑。

（二）案件审理可能占用和耗费较多的司法资源

从已经开始运行的特别代表人诉讼的情况看，实际操作中还存在不少问题，致使案件的推进不够顺畅。尽管《关于证券纠纷代表人诉讼若干问题的规定》对《证券法》第九十五条进行解释，使之具有可操作性，但司法解释主要是关于普通代表人诉讼的规定，对特别代表人诉讼规定得较少，在司法解释全部42个条文中只有10条是关于特别代表人诉讼的直接规定。

目前正在进行的特别代表人诉讼至少反映出这样一些规则没有明确，但需要予以回应的问题：特别代表人诉讼是否以普通代表人诉讼作为前置程序、案件受理是否要区分机构投资者与普通投资者、诉讼启动时的50名委托人是否应当对其有激励优惠政策、一审后在上诉问题上投服机构与部分投资者意见不统一如何处理、案件审理中出现破产如何衔接、调解方案是否需要征求投资者意见以及如何征求等。这些问题只是技术方面的问题，在实际案件审理中，往往还要考虑与地方政府沟通协调结案善后事宜。如正在进行的涉及"康美药业"的特别代表人诉讼，共有27个被告，该公司已经申请破产，使正在进行的案件审理出现破产程序与特别代表人诉讼程序的交织，势必占用受案法院大量的审判资源。在法院案多人少的现状下，占用大量的审判资源很可能影响其他案件的审理，出现案件审理资源分配的不公平。

（三）民事诉讼是否为案件处理的最优选择

在证券法未修订之前，学界对通过民事诉讼来追究违法者的民事责任持赞同的态度，学者们普遍认为通过民事责任可以提高违法成本，有效遏制证券市场突出的违法行为。但新证券法出台后，追究上市公司（发行人）欺诈民事责任的诉讼却显得"理想很丰满、现实很骨感"。如正在进行二审的"五洋债"案，学界对一审结果几乎是一片质疑声，与证券法修订前的态度形成鲜明反差。民事责任具有补偿的性质，尽管也有一定的惩罚性，但主要是以补偿为主，而现在的处理力度已经超过一定惩罚性的范围。如涉案律师事务所收取10万元的中介费用，却需要承担将近4000万元的连带赔偿责任，一审判赔额达到服务收入的近400倍，高得有些"离谱"。这显然有违民事诉讼和民事责任的基本原则。民事责任中连带责任株连面广、杀伤力大，如果不充分考虑"罚当其责"，就可能出现违法行为与责任的不对等，必然会有损公平。如果从合目的性的角度考虑，其他责任也具有威慑阻吓的功能，例如财产罚就并非民事责任独有，行政责任和刑事责任也都能施加财产罚，如果讲杀伤力，在行政责任和刑事责任之中加重财产罚完全可以达到同样的效果，在一定程度上可以更为精准。

四、需要把握的司法政策

正视特别代表人诉讼存在的问题绝非等于对这一制度弃而不用。对制度缺陷抱有清醒的认知可以使执法司法者在具体的法律适用中"扬利抑弊"，尽可能减少负效应。笔者认为，从司法政策上准确把握特别代表人诉讼的法律适用，是证券民事诉讼的当务之急。因此，需要更多地从司法政策角度来考虑对策，不仅需要人民法院审慎处理，还应根据特别代表人诉讼由投保机构主导的特点，由投保机构"身体力行"。需要把握的司法政策有以下几个方面。

（一）投保机构应审慎选择案件

由于特别代表人诉讼具有"核弹极"的杀伤力，因此不能启动太多案件，应选择具有"杀一儆百"示范效应的典型案件。在此基础上，中国证监会发布的《关于做好投资者保护机构参加证券纠纷特别代表人诉讼相关工作的通知》中指出的"对于典型重大、社会影响恶劣的证券民事案件，投资者保护机构依法及时启动特别代表人诉讼"，具有非常现实的指导意义。在当前实践中这类案件较多的情况下，投保机构在总量上应有所控制。即使选择典型案件，在案件启动后，也要考虑被告公司的偿付能力以及可能涉及的赔偿对象。从某种意义上讲，我国设计特别代表人诉讼模式的目的之一，是避免一般证券诉讼中律师为获利而滥诉的缺陷。因此，审慎选择案件，关涉制度合目的性和实质公平。

（二）人民法院应审慎受理和审理案件

在缺乏必要操作性规定和经验的基础上，人民法院应当审慎受理和审理案件，这不仅是基于司法资源占用的考虑，更主要考虑对案件处理的实质公平和合目的性，如果案件丧失公平，就不可能让人民群众从每一个案件都感受到法律的公平正义。

（三）准确把握民事责任的性质

民事责任具有补偿性，尽管也有一些具有惩罚性，但也不能超过一定的限度。资料显示，不少国家对证券欺诈行为的民事责任设置上限，以避免过分赔偿，如美国、新加坡等。将投资者损失设定为民事责任的上限，也是民事责任制度基于"填补损害"的制度正当性的必然体现。在证券法和相关司法解释没有规定赔偿额的情况下，法官可参照援引现行法上有关条款。

第一，《民法典》侵权责任编第一千一百八十二条规定："侵害他人人身权益造成财产损失的，按照被侵权人因此受到的损失或者侵权人因此获得的利益赔偿"；第一千一百八十四条规定："侵害他人财产的，财产损失按照损失发生时的市场价格或者其他合理方式计算。"

第二，基于侵权责任是补偿损失并具有惩罚性的特点，可以类推现行证券法有关行政罚款的规定。证券法2019年修订前规定的行政罚款为违法所得1~5倍，修订时出于证券违法行为突出和加大违法成本的考虑，将其提高到1~10倍，说明具有明显惩罚性质的行政处罚仍然有惩罚的上限，更何况具有补偿性质的民事责任。因此，民事责任应设置上限，应当以违法所得额为基准，不能超出过多。司法机关在探索民事责任实现的具体方案时，也应保持缓进，不宜激进地采用简单化的方案。

（四）注重运用多元化争议解决方式

在民事案件的处理中，可以采取多种手段并用的做法来推动解决，如先行赔付、诉讼外调解等。根据投保机构作为公益机构，具有公信力高，无须与投资者谈判协商，对案件的可控性强的特点，在诉讼过程中，投保机构要切实贯彻《关于证券纠纷代表人诉讼若干问题的规定》第三条关于"引导和鼓励当事人通过行政调解、行业调解、专业调解等非诉讼方式解决证券纠纷"的规定，法院在"案件审理过程中应当着重调解"。

委派董事之股东的信披违法
行政责任研究（上）

赖坤元　蒋大兴*

摘　要：中国公众公司公司治理中业已形成"董事席位瓜分"格局，即股东之间通过协议等方式使部分股东能够稳定地向董事会推荐人选，并在事实上实现委派董事、控制董事会席位的效果。若从信息披露视野对委派董事之股东的行政责任进行考察，则会发现该等安排将使部分委派董事之股东免予行政处罚，进而导致一系列问题。而就我国现行制度而言，恐怕难以对该等主体进行规制。对于该等问题，以英国法为代表的域外法有影子董事与事实董事制度、法人董事制度两种回应方式。具体而言，通过影子董事与事实董事制度，可以将未经法定程序选任、经常性地对公司部分或全部董事发出指示且其指示在客观上会被公司董事会所遵循的相关主体，以及行使专属于董事之职权、构成公司治理结构一部分的相关主体，均认定为"董事"，并与经法定程序选任的法定董事承担相同的义务与责任。而法人董事制度更是允许法人主体直接出任公司董事、直接承担董事的责任与义务。基于域外法经验，我国可参照影子董事与事实董事制度尝试构建以下信披违法追责路径：首先，限于公众公司的特殊情况，无须刻意区分影子董事与事实董事，仅需将归责之主体明确为"直接或间接行使董事职权之人"；其次，可参考证监会在内幕交易案中所采取的推定规则，在信息披露违法违规案件中以推定的方式对相关责任主体进行认定，即证监会仅需证明相关股东具有委派董事的基本事实，便可推定该等委派董事之

---

* 赖坤元，北京市金杜律师事务所律师助理；蒋大兴，北京大学法学院教授。

股东构成"直接或间接行使董事职权"的主体;最后,构建追责路径时仍需以未有法人董事制度为前提,可参照我国台湾地区的立法,将被追责主体的身份定性为"非董事",并明确其与经法定程序选任之董事负有同等义务与责任。

关键词: 委派董事 股东责任 影子董事 法人董事

在我国证券信息披露违法违规案件中,董事因负有勤勉尽责的义务,多被证券监督管理部门认定为证券违法违规行为的责任主体之一。但对于委派董事或向董事发出指示的主体却常"逍遥法外"。实际上,我国委派董事的现象并不罕见。除国有资产管理机构、国有公司股东在独资公司中委派董事、监事的"法定权利"之外,在许多上市公司、非上市公众公司也可看到该等内部治理安排。同时,除控股股东、实际控制人外,其他大股东也有可能享有该等委派董事的权利。但是,目前我国立法层面对委派董事的关注相对欠缺。随着股票发行注册制改革的推进、2019年证券法的修订以及监管层持续传递对资本市场违法违规"零容忍"的信号,信息披露违法违规行为拥有极高的关注度。另外,就目前相关立法所规范的责任主体,除积极参与信息披露违法违规行为的人员及公司内部人员外,通常仅限于公司控股股东、实际控制人,而不包括其他大股东。如此一来就会出现前述"监管高压"下仍有"漏网之鱼"的局面。显然,该等局面势必产生一系列的不利影响,如激励部分大股东参与或漠视信息披露违法违规行为、有悖于社会公平观念、违反一般法理以及造成监管逻辑矛盾等。因此,有必要对信息披露违法违规案件中委派董事之股东的追责问题予以关注。参考域外法经验,对于该等问题的回应大致可分为两大方向,即以美国法为代表的强调"股东义务"的归责路径,以英国法为代表的强调"董事身份"的归责路径。[①] 本文将在对委派董事现象进行考察的基础上,讨论域外法下相关规范模式,并提出构建相关追责路径的建议。

---

① 参见曾宛如. 影子董事与关系企业——多数股东权行使界限之另一面向 [J]. 政大法学评论, 2013 (132): 62。

一、"董事席位瓜分"下部分责任主体追责机制的缺位

(一) 我国公众公司的"董事席位瓜分"格局

尽管伯利和米恩斯早在数十年前就以"公司所有权和控制权分离"作为现代公司法发展的注脚①,但现实中往往是"公司少数所有权和控制权分离",多数股东仍与公司经营紧密结合:在中小企业中由自然人股东直接出任董事的"股东董事"现象极为普遍,而在大企业或公众公司中则多表现为股东委派董事的制度安排。

以 2020 年末引发全民热议的"蚂蚁科技"为例,《蚂蚁科技集团股份有限公司首次公开发行股票并在科创板上市招股说明书(申报稿)》显示,该公司董事会的 9 名董事中,执行董事长、2 名执行董事及 1 名非执行董事由杭州君涵股权投资合伙企业(有限合伙)和杭州君澳股权投资合伙企业(有限合伙)(以上两方为发行人控股股东)向董事会推荐,另 2 名非执行董事由杭州阿里巴巴网络科技有限公司(以上一方为发行人第二大股东)向董事会推荐。②

而在国有企业中,国有资产管理机构、国有公司股东除在独资公司中委派董事、监事的"法定权利"之外,也会在非独资的企业中通过委派董事来维护自己的权利。

数据显示,股东委派董事的现象在我国上市公司中绝非个例。我国国内曾有研究对 2005—2009 年上市公司披露高管薪酬数据进行统计分析,发现上市公司的董事长、董事不在上市公司领薪的现象非常普遍,有 37% 的上市公司董事长在股东单位而非上市公司领薪,其中国有控股公司的比例达到 44%,而私人控股公司的比例为 23%;同时,平均有 27% 的董事不在上市公司中领薪。③此种情况并未随着我国上市公司治理水平的提升而消失。根据 Wind 统计数据,在 2019 年披露高管薪酬数据的 3910 家沪深两市 A 股上市公司中,有 3023 家上

---

① 参见阿道夫·A. 伯利、加德纳·C. 米恩斯. 现代公司与私有财产 [M]. 甘华鸣,罗锐韧,蔡如海,译. 北京:商务印书馆,2005.

② 参见蚂蚁科技集团股份有限公司首次公开发行股票并在科创板上市招股说明书(申报稿)[EB/OL]. [2021-01-26]. http://static.sse.com.cn/stock/information/c/202008/e731ee980f5247529ea824d20fcdb293.pdf.

③ 参见郑志刚,孙娟娟,Rui Oliver. 任人唯亲的董事会文化和经理人超额薪酬问题 [J]. 经济研究,2012 (12):116-117.

市公司存在董事或高管不在上市公司领薪的现象,比例高达77%。① 尽管"不在上市公司领薪的董事"不能简单地等同于"受股东委派董事",但如此之高的比例足以直观地展现上市公司股东委派董事现象的普遍。

该等现象的普遍出现常被学者归因于我国上市公司"一股独大"的股权结构。② 通常认为,"一股独大"是中国证券市场的独有特征。③ 关于"一股独大"股权结构与董事委派的关系,也有研究发现,在2007—2018年沪深两市A股上市公司中,控股股东委派董事占董事会人数比例的均值为21.1%,最大值可达77.8%。④ 由此可见,"一股独大"与股东委派董事现象之间存在因果关系。

但是,若仅片面地强调"一股独大"股权结构,则可能忽视非控股股东对董事会的影响。如表1所示,沪深两市A股上市公司第一大股东持股比例近年来正逐渐下降,而相应的第二大股东的持股比例则呈现总体上缓慢上升的趋势;此外,第二大股东的平均持股比例自2011年后也已经超过10%。⑤ 该等情况足以说明第二大股东的影响力不容小觑。实际上,正如前文所介绍的蚂蚁科技在招股说明书中披露的公司董事会安排(该公司的第二大股东就"控制"着董事会2个席位),公众公司第二大股东委派董事的情况并不罕见。

表1 2000—2020年第一大、第二大股东持股比例情况   单位:%

年份	第一大股东持股比例	第二大股东持股比例
2000	45.56	8.20
2001	44.49	8.36
2002	43.75	8.79

---

① 该数据为本文通过Wind数据库"沪深股票专题统计—公司研究—管理层报酬统计"栏目整理统计所得。

② 参见郑志刚,孙娟娟,Rui Oliver.任人唯亲的董事会文化和经理人超额薪酬问题[J].经济研究,2012(12)12:116-117;郑志刚,郑建强,李俊强.任人唯亲的董事会文化与公司治理——一个文献综述[J].金融评论,2016(5);董香兰,董巧婷,王辉.控股股东委派董事与分类转移盈余管理——高管激励中介效应和机构持股调节效应[J].数理统计与管理,2020(12)。

③ 参见彭冰.中国证券法学(第二版)[M].北京:高等教育出版社,2007;张开平.简论中国上市公司治理结构的特征——政府股权、行政权双重控制下的上市公司治理[M].甘培忠,楼建波.公司治理专论.北京:北京大学出版社,2009;郭雳.中国式监事会:安于何处,去向何方?——国际比较视野下的再审思[J].比较法研究,2016(2):78。

④ 董香兰,董巧婷,王辉.控股股东委派董事与分类转移盈余管理——高管激励中介效应和机构持股调节效应[J].数理统计与管理,2020(12)。

⑤ 该数据为本文通过Wind数据库"股票数据浏览器—大股东持股比例"栏目整理统计所得。

续表

年份	第一大股东持股比例	第二大股东持股比例
2003	42.77	9.23
2004	41.90	9.85
2005	40.43	10.00
2006	36.69	9.63
2007	36.39	9.29
2008	36.78	9.16
2009	37.41	9.31
2010	37.16	9.77
2011	36.90	10.13
2012	37.43	10.19
2013	37.28	10.05
2014	37.15	10.25
2015	36.70	10.76
2016	35.63	11.06
2017	34.71	11.03
2018	34.60	11.04
2019	33.85	11.09
2020	32.52	10.80

另外，值得考虑的问题是风险投资机构（VC/PE）。通常而言，风险投资机构享有向被投公司董事会委派董事的权利。例如，汉坤律师事务所2019年度协助客户完成的500余项VC/PE投资项目中，有94.34%的境内架构项目和88.21%的境外架构项目在投资协议中约定投资人有权委派董事；同时，前述有权委派董事的投资人均会在协议中约定保护性条款，约定每一个投资人委派的董事或持有一定比例股份的投资人委派的董事，对董事会特定事项具有一票否决权。① 这些风险投资机构对董事席位的"控制"经常会延续至被投公司顺利上市后，以保证其能够平稳退出。②

---

① 参见汉坤律师事务所，36氪. 汉坤2019年度VC/PE项目数据分析报告[EB/OL]. [2020-01-27]. https://www.hankunlaw.com/downloadfile/newsAndInsights/b1de0f7e0a1b37f6ff2538bd5f935373.pdf。

② 有研究选取2009—2016年沪深两市A股上市公司的相关数据，发现33.4%的风险投资机构会在上市公司的董事会中占据席位。参见郭立宏，施国平，徐见平. 董事会席位对风投机构投融资的影响[J]. 科学进步与对策，2019（9）：90。

综上所述，我国公众公司股东委派董事现象，更应当被概括为"董事席位瓜分"的格局，即股东之间通过协议等方式对公司董事会席位作出安排，使部分股东能够稳定地向董事会推荐人选，并在事实上实现委派董事、控制董事会席位的效果。

(二) 信息披露行政处罚责任认定中委派董事之股东"逍遥法外"

在"董事会席位瓜分"格局之下，传统公司法研究所预设的董事同质化假定显然受到挑战。依据董事同质化假定，董事作为公司的"代理人"，其对公司而非股东负有义务，故董事之间在价值选择、利益取向和行为导向上并无明显差异，均是以公司利益的最大化作为唯一的取舍标准。① 但在"董事席位瓜分"的格局之下，部分股东之所以要"控制"董事会席位，自然是基于其利益考量，而要求受委派董事不听取委派股东的意见、不考虑委派股东的利益、仅考虑公司的利益，恐怕也是强人所难。可以预见，该等情形将产生诸多法律问题，而证券信息披露监管则是本文所关注的问题切入点。

就信息披露违法违规而言，中国证券投资者保护基金有限责任公司发布的《投资者保护状况蓝皮书（2020）：总报告》显示，中国证监会稽查执法部门2019年新增立案案件344件，其中信息披露违法违规立案案件85件，占全部新增立案案件的24.71%；中国证监会行政处罚委员会（以下简称证监会处罚委）全年作出行政处罚决定135件，对信息披露违法类案件作出行政处罚27件，占全部作出行政处罚决定的20%。而证监会发布的《证监会通报2020年案件办理情况》显示，2020年新增信息披露违法违规立案案件84件，其中财务造假立案达33件。② 可见，信息披露违法违规案件是证监会查处的主要案件类型。

依据证券法和证监会行政处罚的认定方式，在公众公司信息披露违法违规案件中，除公众公司外，受处罚的主体可分为对信息披露违法行为直接负责的主管人员和其他直接责任人员。通常而言，前者系积极地参与该等违法行为，故被认定为该类主体的人员多为公司内部人员及公司实际控制人、控股股东，

---

① 参见汪青松，赵万一.股份公司内部权力配置的结构性变革——以股东"同质化"到"异质化"显示的演进为视角[J].现代法学，2011 (3)：32-33；林少伟.董事异质化对传统董事义务规则的冲击及其法律应对——以代表董事为研究视角[J].中外法学，2015 (3)：665-666。

② 参见中国证券监督管理委员会.证监会通报2020年案件办理情况[EB/OL].[2021-03-16]. http://www.csrc.gov.cn/pub/newsite/jcj/gzdt/202102/t20210208_392574.html。

但非前述主体的相关人员在少数情况下也有可能被认定为该类主体；后者则通常未直接参与违法行为或参与程度不深，其违法行为主要是消极的不作为，如上市公司的董事、监事、高管未尽到勤勉尽责义务的情形。以表2整理的2020年证监会上网发布的涉及公众公司的信息披露违法行政处罚决定书为例，可以发现，在20件行政处罚决定中，对信息披露违法行为直接负责的主管人员均为公司内部人员，其中虽有9件行政处罚涉及实际控制人被认定为主管人员的情形，但该等实际控制人均直接参与公司事务，如担任董事长、董事、总经理等，因此也不属于公司外部人员。此外，在前述行政处罚决定中，仅有3起案件未将任何公司董事、监事、高管认定为其他直接责任人员，也有7起案件存在将5名及以上的董事认定为其他直接责任人员的情形。结合该等情形与相关行政处罚决定书，应认为证监会对于公司董事、监事、高管未尽到勤勉尽责义务的情形持严厉的监管态度。

表2　2020年证监会涉及公众公司信息披露违法违规行政处罚处罚主体情况

序号	案号	案涉公司	直接负责的主管人员	其他直接责任人员
1	〔2020〕106号	科融环境	实际控制人（时任董事）、董事长	董事、总经理
2	〔2020〕105号	索菱股份	实际控制人（时任董事长、总经理）、董事、董秘、财务总监	会计主管人员、财务负责人、5名监事、6名董事
3	〔2020〕100号	氢动益维	能够施加重大影响的主要投资者	董事
4	〔2020〕99号	神州优车	实际控制人（时任董事长、总经理）	董秘、董事、监事
5	〔2020〕98号	原点资产	董事	
6	〔2020〕80号	尤夫股份	另案处理	另案处理
7	〔2020〕79号	辅仁药业	实际控制人（时任董事长、总经理）、董事、董秘、财务总监	7名董事，3名监事，2名财务总监
8	〔2020〕71号	康得新	实际控制人（时任董事长）、董事（时任财务总监）、董事（时任总经理）、财务中心副总经理	5名董事、2名监事、董秘
9	〔2020〕59号	雅本化学	董事长（时任总经理）、董事（时任董事会秘书）	董事
10	〔2020〕49号	林州重机	董事长、董事、财务负责人	
11	〔2020〕36号	富贵鸟	另案处理	另案处理

续表

序号	案号	案涉公司	直接负责的主管人员	其他直接责任人员
12	〔2020〕32号	千山药机	实际控制人之一（为公司第一大股东，时任董事长、总经理）、财务负责人、财务总监、财务部长	5名董事（其中4名为实际控制人之一）、3名监事（均为实际控制人之一）、董秘
13	〔2020〕29号	獐子岛	董事长、董事、财务总监、董秘	分公司经理、分公司副经理、技术管理部经理、8名董事
14	〔2020〕26号	凯瑞德	实际控制人（时任董事长）、董事（时任财务总监）	董事、监事
15	〔2020〕24号	康美药业	实际控制人之一（时任董事长）、实际控制人之一（时任副董事长）、董事（时任董秘）	财务总监、8名董事、3名监事、4名副总经理、2名总经理助理
16	〔2020〕21号	新纶科技	董事长、副董事长、财务总监、董秘（时任副总裁）、副总裁	5名董事、3名监事、4名副总裁、时任董秘
17	〔2020〕19号	凯迪生态	实际控制人（时任董事长）、董事长（时任）、财务总监（时任）、董事（时任总经理）	财务总监（时任）、董秘、4名董事、6名副总经理
18	〔2020〕17号	四环生物	董事长	3名董事、董秘、财务总监
19	〔2020〕9号	凯迪生态	董事长、财务总监	副总裁
20	〔2020〕3号	康达尔	董事长、总经理	

此种严格的监管态度同样体现在证监会对董事、监事、高管免责情形的认定。从法律法规层面看，证监会发布的《信息披露违法行为行政责任认定规则》（以下简称《认定规则》）第二十一条明确规定法定免责情形仅包括"曾投反对票""客观原因不能履职""及时上报"的有限情形。尽管考虑到前述规定的确难以涵盖董事、监事、高管人员已尽勤勉义务的所有表现形式，证监会也在《认定规则》第十一条、第十九条中提出，对于信息披露涉嫌违法责任人员的责任大小，应综合审查相关人员违法行为的主观方面和客观方面，综合考虑其在信息披露行为中所起的作用、知情程度及态度、职务及具体职责等情况后再进行认定，但证监会在执法实践中对于免责情形的认定依然极其谨慎。例如，在康得新信息披露违法案中，证监会仅采纳公司时任监事吴炎提出的不予处罚申辩意见。依该案行政处罚决定书所载，该监事提交其任职期间所有的

出差记录表及单据、《康得新财务情况真实性研究》及《康得新专项研究》等书面研究报告、监事对康得新公司的质询问题及回复情况、访谈录音及记录、对康得新进行"暗访"的照片、微信记录等证据，以证明其确实难以通过适当的手段发现康得新的违法行为。① 如此翔实的申辩意见及证据材料足以侧面反映出证监会在认定免责情形时所采用的标准之高。

但是，若将前述信息披露违法违规案件行政执法情况，同中国公众公司中的"董事席位瓜分"格局结合起来，将会发现严格的监管却未对"委派董事"这一行为作出评价。在前述2020年证监会在网络上公布的涉及公众公司的信息披露违法行政处罚决定书中，未有任何委派董事之股东被施以行政处罚。实际上，如表3所示，实务中确有部分董事在证监会听证程序中提出"职务委派"的申辩意见，但该等申辩均无法减轻或免除其责任。例如，在"海星科技案"中，首次出现有相关当事人主张其"受案涉公司非控股股东委派出任公司董事，所有表决签字事项，均向派出单位做过汇报，得到派出单位的允许和支持""实为影子董事"的申辩意见。对此，证监会则认为，"上市公司董事在履职过程中，应当基于本人的学识、能力，以忠实勤勉的态度，依据法律法规和监管部门要求，排除来自上市公司股东、公司内部人以及其他方面的不当影响与干扰，对有关事项作出负责任的独立判断，并清楚自己的行为可能产生的法律后果"，因此当事人主张其为影子董事从而请求对其免予处罚的申辩于法无据。② 可以发现，当事人和证监会都存在误用"影子董事"概念的情况（在该等情形下影子董事所指对象应为委派该董事的股东，而非该董事本人），而在"误用"的背后实则反映出监管态度的某种"回避"：相关董事的申辩意见主张"真正的责任主体另有其人"，可证监会的回应却仅是强调"董事不能以委派为由免责"。

---

① 参见〔2020〕71号《中国证监会行政处罚决定书（康得新、钟玉等13人）》。
② 参见〔2012〕25号《中国证监会行政处罚决定书（海星科技）》。

表3 证监会（局）行政处罚相关当事人提出"职务委派"申辩意见情况

案号	案涉公司	当事人申辩理由	证监会（局）回应
证监会〔2011〕21号	湖北多佳股份有限公司	（王来柱、王太川）其受委派出任多佳股份董事，并未领取工资和任何津贴，所以处罚应由公司承担	我会认为，上市公司董事在履职过程中，应当基于本人的学识、能力，以忠实勤勉的态度，对有关事项作出负责任的独立判断，并清楚自己行为可能产生的法律后果。因此，上市公司董事在公司定期报告上签署确认意见，应当对该报告的真实、准确与完整承担相应的法律责任。当事人有关以接受委派出任董事及未领取工资、津贴为由提出的申辩缺乏法律依据，我会不予支持
证监会〔2012〕25号	西安海星现代科技股份有限公司	（刘克峰）其受陕西省技术进步投资有限公司委派出任董事，所有表决签字事项，均向派出单位做过汇报，得到派出单位的允许和支持；其从未在海星科技领取任何津贴，实为影子董事	我会认为，上市公司董事会对公司事务的内部控制、内部审计监督，与外部监督、外部审计一样，均是上市公司合法运作、公开透明的基本保障，二者相辅相成、互相促进，但是不能互相取代。上市公司的会计责任与外部审计机构的审计责任是两种不同的责任，在信息披露违法情形发生时，不能以审计机构未发现、未指出为由，免除上市公司董事的责任。上市公司董事在履职过程中，应当基于本人的学识、能力，以忠实勤勉的态度，依据法律法规和监管部门要求，排除来自上市公司股东、公司内部人以及其他方面的不当影响与干扰，对有关事项作出负责任的独立判断，并清楚自己的行为可能产生的法律后果。因此，当事人有关以受单位派遣、投票行为得到派遣单位支持而自己只是影子董事为由请求对其免予处罚的申辩于法无据。上市公司董事应当尽自己所能主动去全面了解公司的情况，有针对性地提出问题和意见，而不仅仅是被动地等待公司告知。同时，针对本案，考虑到当事人作为外部董事不直接参与海星科技日常经营运作，一定程度上难以尽快发现担保、诉讼等事项未披露，违法情节比较轻微的情况，我会在事先告知中认定当事人责任并作出拟处罚决定时，已将其与荣海等对涉案违法行为直接负责的主管人员做明确区分，对当事人拟作出的处罚仅为警告

续表

案号	案涉公司	当事人申辩理由	证监会（局）回应
证监会〔2013〕23号	云南绿大地生物科技股份有限公司	（胡虹、黎钢）其担任董事是由于委派，后果应由委托人承担	上市公司董事应当对董事会的决议负责，保证上市公司定期报告的真实、准确和完整
证监会〔2016〕84号	丹东欣泰电气股份有限公司	（胡晓勇）其担任董事系职务行为，决策均由委派单位作出，不应由其个人承担不利法律后果	《中华人民共和国公司法》第一百四十八条规定，董事、监事、高级管理人员应当遵守法律、行政法规和公司章程，对公司负有忠实义务和勤勉义务。胡晓勇作为欣泰电气董事，其对公司负有的义务和未履行义务的法律后果不因其为委派董事的身份而免除
证监会〔2019〕55号	山东新绿食品股份有限公司	（张勇胜、卢运东、尤华东、李皓月）担任新绿股份法定代表人由公司委派，系职务行为，决策均由委派单位作出	未予回应
厦门证监局〔2020〕4号	厦门中健网农股份有限公司	其担任中健网农董事本身属于职务行为，并非个人行为，董事席位实际上归属于投资机构南海成长	不可否认，不同类型的董事接触公司信息的程度有所不同，内部董事掌握的信息和对公司的了解往往多于外部董事，投资机构委派董事在独立性方面也要弱于一般董事，但是不能据此否定外部董事、委派董事在保证挂牌公司信息披露真实、准确、完整方面的法定职责，且我局在确定处罚幅度时已充分考虑该因素

诚然，上述情形中的董事未必"无辜"，证监会也无须对法定主体之外的主体的责任问题进行回应。但反过来说，该等情况又恰恰表明一些"理应"负有"责任"的主体免予处罚，得以"逍遥法外"。这引出两个值得思考的问题：第一，委派董事之股东是否是需要追究行政责任的主体；第二，我国现行的法律法规是否赋予证券监管部门相关的权力以追究委派董事之股东的行政责任。

（三）未追究委派董事之股东的责任的弊端

我国目前的信息披露违法违规行政处罚未对相关主体"委派董事"这一事

实作出评价。本文认为，该等追责的缺位将可能带来以下 3 个问题。

1. 对股东产生负向激励

结合本文前述对行政处罚情况的概览，可以发现委派董事之股东仅可能在直接参与违法行为或直接指示受委派董事进行违法行为的情形下才有可能被施以处罚。同时，目前尚未检索到非实际控制人的相关股东因直接参与违法行为而被认定为直接负责的主管人员，进而被施以行政处罚。

在该等责任的分配机制下，实际上有可能"激励"相关股东就信息披露违法违规事项消极的不作为乃至积极的作为。以风投机构为例，其"控制"董事席位的目的在于保障自身能够平稳地从公众公司中退出，以获取高额的投资回报。一方面，公众公司的股价走势显然与其投资回报率高度相关；另一方面，信息披露虚假陈述从实施到揭露、再到相关信息完全被市场所消化而反映在股价上，通常会经历一段相当长的时间，风投机构很可能在相关信息披露违法违规行为被揭露前就已成功"高位套现"。按照前述的责任分配机制，只要风投机构未直接参与违法行为，相关的行政责任仅会追及受其委派的董事，而不追及其自身。在考虑该等情形下的收益与风险，风险投资机构及其委派董事大可默许公众公司进行信息披露的违法行为，或至少是可以降低对信息披露违法违规行为的关注。如此一来，就将导致公司内部的监督机制运转不畅。

2. 有悖于公平正义理念

如前文所述，许多受委派董事是在委派其出任董事的股东处领薪，而非是在公众公司领薪；此外，受委派董事也往往对委派董事之股东有较强的人身依附性。在该等情形下，受委派董事未必均是"形式董事"，但其独立性显然会受到很大程度的影响。进而，在信息披露违法违规案件中，受委派董事未必"无辜"，但若仅对其科以重罚，却让其背后发挥影响力的股东得以"逍遥法外"，这种结局多少会令人感到不公。

此外，随着股票发行注册制改革的不断推进、2019 年修订的证券法对信息披露违法违规责任的强调、2020 年监管层持续传递对资本市场违法违规"零容忍"的信号，以及《国务院关于进一步提高上市公司质量的意见》等文件的发布，加大公众公司相关主体的违法违规成本成为这一时期证券监管的底色。在该等背景下，若仍有部分委派董事之股东在行政处罚的威慑范围之外，势必将导致市场的不公，有损法律的严肃性和权威性。

3. 存在有悖于一般法律原理的风险

（1）可能有悖于过错认定之法理

委派董事之股东在法理上未必没有过错。为此，可比照公司法定代表人越权担保的情形。依据民法典及相关司法解释规定，就法定代表人越权担保的情形，若担保合同相对人非善意，则担保合同不对公司发生效力。实务中长期以来存在的问题是，在前述情形下，公司是否需要向担保合同相对人承担一定的赔偿责任。依据最高人民法院最新的司法观点，若公司也存在一定的过错，则公司也应对合同不对公司发生效力给相对人造成的损失承担一定的赔偿责任。① 按照此种逻辑，委派董事的法人股东对受委派董事的行为也应负有一定的管理义务，若受委派董事参与证券违法行为或违反法定董事义务，该等股东也有可能存在证券监管层面的"过错"。

（2）可能有悖于特殊侵权规范

若未对委派董事之股东与受委派董事之间的特殊关系进行评价，则可能有悖于侵权法上关于特殊侵权之规范。尽管民法上通常强调"自我责任"，但在侵权法的规范中，也存在以特殊关系作为追责基础的情形，故民法典侵权责任编也专设一章"责任主体的特殊规定"进行规范。例如，监护人侵权责任正是一种基于特定的监护关系而使行为主体与责任主体相对分离的特殊规范，即由监护人对被监护人的行为承担责任。尽管法理上对此种责任之性质的理解并不一致，但该等分歧并不影响理论及实务界认定特殊关系也可成为追责基础之共识。② 就信息披露违法违规行为而言，若相关行为受到证监会及其派出机构的行政处罚，则相关行为在民事诉讼中可视同为民法上的侵权行为。在侵权法的视域下，委派董事之股东与受委派董事之间的委派关系，与侵权法专门规定的监护关系等适用特殊侵权规范的特定关系，同样具有一定的可比性。尽管侵权法是否将该等责任主体视为特殊责任主体进行追责是属立法论的问题，但也不能忽视未对委派董事之股东进行追责可能存在的有悖于特殊侵权规范之法理的风险。

---

① 参见林文学，杨永清，麻锦亮，等．《关于适用民法典有关担保制度的解释》的理解和适用[J]．人民司法，2021（4）。

② 参见王杏飞．论监护人的侵权责任与诉讼地位——以《民法典》第一千一百八十八条的适用为中心[J]．法学评论，2021（2）：123。

(3) 可能有悖于行政法上的比例原则

比例原则是指行政机关所采取的措施与其意图实现之目的是成比例关系的。① 通常而言，学者们在讨论证券行政处罚中的比例原则时，往往谈及的是证券行政处罚中存在的"签字即处罚""处罚全覆盖""罚款不分档"等过于严苛处罚的问题。② 但需注意的是，对于造成严重公益损害的行为，应当采取相应的措施。因此，若委派董事之股东与信息披露违法违规行为有所关联，却又"逍遥法外"，则应当视为对比例原则的违反。

4. 导致证券行政处罚对董事义务的认定出现矛盾

由于目前证券监管实践未将委派董事之股东作为责任主体，在一些情形下证券监管部门对董事义务的认定存在矛盾之处。即监管部门在部分案件中将委派董事之股东的行为视为受委派董事的履职行为，与在另案中强调董事的"独立履职"与之间的矛盾。

例如，在"康得新案"③"北亚实业案"④ 等案件中，证监会就将相关国有股东的"集体智慧"（如股东内设部门对相关事项进行审核并作出决策），视为受委派监事、董事的履职行为。其原因在于：一方面，案涉董事、监事在行政申辩程序中提交相应证据，使处罚委不得不考虑相关情况；另一方面，该等认定方式也更符合国企委派董事、监事履职行为的客观情况。质言之，出于国有资产保护及防止国有资产流失的要求，国企通常非常重视委派董事、监事在重点投资标的企业中的作用，故往往也会调动国企内部的专业人士辅助董事、监事完成履职工作，即形成实质意义上的"董事团队""监事团队"。

但是，若以证监会在其他案件中强调"独立履职"标准来看，如其在"海星科技案"所强调的上市公司董事"应当基于本人的学识、能力""对有关事项作出负责任的独立判断"，⑤ 前述的董事、监事未必能免予处罚。即由于证监会一贯未对委派董事之股东进行追责，其在认定受委派董事是否履行勤勉尽责义务时，通常也不会将委派董事一方的行为纳入考虑范围。如此一来，便在实质上造成两种略显矛盾的董事义务认定方式：一种严格审查董事是否基于本人

---

① 参见罗豪才，湛中乐. 行政法学（第四版）[M]. 北京：北京大学出版社，2016。
② 参见蒋大兴. 技术规范、市场理性与国家利益——证券法年会的总结[EB/OL]. [2021-03-05]. https://mp.weixin.qq.com/s/nEJKrDFf0RWUmEXlmMRD9Q。
③ 参见〔2020〕71号《中国证监会行政处罚决定书（康得新、钟玉等13人）》。
④ 参见〔2009〕10号《中国证监会行政处罚决定书（北亚实业刘桦等6名责任人员）》。
⑤ 参见〔2012〕25号《中国证监会行政处罚决定书（海星科技）》。

的学识、能力独立地履行勤勉尽责义务；另一种则视情况放宽"独立履职"的标准，将委派董事一方对董事提供的支持也作为证明董事勤勉尽责的依据。

诚然，前述矛盾似乎可以通过解释进行"化解"，即"独立履职"强调的是公众公司董事应排除来自公众公司股东、公司内部人以及其他方面的不当影响与干扰，而正当的支持与帮助则不影响"独立履职"。但是，所谓的"不当""正当"在很多时候均是事后的判断，而在事前往往仅能确定影响的发生而不能确定影响的好坏。因此，只有否认受委派董事自身"绝对"的独立性，才能以客观、统一的标准认定受委派董事的勤勉尽责义务；而否认受委派董事的独立性，则意味着要将受委派董事与委派董事之股东作为一个整体进行审查，由此势必需要明确委派董事之股东在证券行政处罚中的责任地位。

（四）对未积极参与违法行为相关主体的现有追责制度及不足

鉴于上述问题的存在，有必要考虑我国证券行政处罚中对委派董事之股东的追责问题。实际上，若有证据证明委派董事之股东积极地参与违法行为，则在监管层面对该等主体进行处罚并无明显的障碍，在此不再赘述。由此仍需关注的问题是，我国证券监管部门是否能参照董事处罚的标准，对未积极参与违法行为的委派董事之股东进行追责。

1. 以控股股东与实际控制人相关规定作为追责依据的不足

从目前的证券立法与执法实践来看，我国立法者并非没有关注到委派董事的现象，而其对该等问题的主要回应则表现为对实际控制人与控股股东责任的强调。例如，2019年修订的《证券法》第八十五条规定，若证券发行人的信息披露义务人未按照规定披露信息或披露信息存在虚假陈述，则证券发行人的控股股东、实际控制人与证券发行人承担过错推定的连带赔偿责任。①

但问题在于，控股股东与实际控制人这两个概念所规制的主体并不能涵盖所有的委派董事之股东。依据我国《公司法》第二百一十六条规定，"股东"与"实际控制人"是互斥的概念，换言之，若委派董事之股东系非控股股东，则其显然不在前述概念的指涉范围。

此外，依据我国监管部门对公众公司的披露要求，实际控制人属于依法应当披露的事项，且实际控制人的身份应为国有控股主体、集体组织或自然人

---

① 参见《证券法》第八十五条的规定。

等,一般的公司法人显然不属于实际控制人之列。① 如此一来将额外产生两个问题:第一,实务中享有委派董事权利的主体多为法人股东,而该等主体天然不会被认定为实际控制人;第二,在具体行政处罚案例中,恐怕也难以将事前未予披露为实际控制人的主体认定为实际控制人之一,并基于该等身份追究其行政责任。

总之,针对委派董事之股东的追责路径问题,我国目前关于控股股东的相关规定仅适用于委派董事之股东同时具有"控股股东"身份的情形。若该等股东为"非控股股东",则仅能考虑"实际控制人"的追责路径,但就目前的监管实践看,证监会在信息披露违法违规案件中也无放宽实际控制人范畴之趋势,即实际控制人仍须为公司法下得以实际支配公司行为之人。因此,控股股东与实际控制人的追责路径对于处在非控股地位,又不足以支配公司行为的相关主体(尤其是公司法人)无能为力。

2. 以《认定规则》第十七条作为追责依据的不足

根据《认定规则》第十七条规定,"董事、监事、高级管理人员之外的其他人员,确有证据证明其行为与信息披露违法行为具有直接因果关系,包括实际承担或者履行董事、监事或者高级管理人员的职责,组织、参与、实施公司信息披露违法行为或者直接导致信息披露违法的,应当视情形认定其为直接负责的主管人员或者其他直接责任人员"。依据该条进行追责存在执法实践和理论解释的双重障碍。

(1) 执法实践上的障碍

实际上,上述规则在执法实践中的适用并不频繁。就本文的检索情况看②,该等规则所针对的责任主体均为积极参与信息披露违法违规行为的相关自然人,而不涉及委派董事之股东。换言之,仅就目前的执法实践看,该等规则恐怕无法作为对委派董事之股东追责的依据。

(2) 理论解释上的障碍

证监会处罚委编写的《证券期货行政处罚案例解析》一书认为,对于信息

---

① 例如,2020年11月6日发布的《全国中小企业股份转让系统股票挂牌审查业务规则适用指引第1号》仍明确"实际控制人应当披露至最终的国有控股主体、集体组织、自然人等"。
② 本文在威科先行行政处罚数据库中以"信息披露违法行为行政责任认定规则第十七条"为检索词检索由证监会(局)作出的行政处罚,共检索到5份行政处罚决定书,其中1份行政处罚决定书未涉及该等规则的适用问题。

披露违法违规案件责任人员的认定应采取"实质大于形式"的原则,只要证明其行为与信息披露违法有直接的因果关系,即使其不属于上市公司董事、监事、高管,也可将其认定为责任人予以处罚。为具体说明该等认定规则,该书也举例描述具体情形:行为人虽未与公司签订劳动合同,也并不担任董事、监事或高管,但在公司内部通讯录中被列为公司重要职务,且对内实际参与公司经营管理、对外以公司管理人名义从事经营活动,并以某种形式从公司获取报酬,即可以认定属于《认定规则》第十七条规定的应当承担责任的人员。① 结合上述内容,有观点认为可以通过解释该等规定以实现对委派董事之股东的行政责任追究。但若以该规定作为追责依据,将存在以下问题。

第一,该认定规则未明确是否以积极地参与违法行为为责任认定的前提。证监会处罚委在编写的案例分析中提及该认定规则实则系判断相关主体是否具有对单位行为承担法律后果的身份条件。② 但综合来看,所谓的"身份条件"并非指向"实际履行董事、监事、高管职责之人",而是"实际履行董事、监事、高管职责且积极参与违法行为之人"。首先,从体系解释的角度看,证监会在认定董事、监事、高管的责任问题时,仍然需要考虑案涉董监高是否存在勤勉尽责的情形,因此,若认为存在相关主体"实际承担或者履行董事、监事或高级管理人员的职责"的情形即可认定因果关系,实际上系创设一种全新的责任认定方式,超越对法规解释的范畴。其次,证监会处罚委称相关主体为"行为人",而通常来说,"行为人"所指对象应为采取行为的主体。最后,就目前的执法实践而言,证监会处罚委也仅在相关主体积极参与违法行为时才援引该规定。③

第二,该认定规则未明确"直接因果关系"是否以规定后半段具体描述的情形为限。就文义解释而言,上述规定以"包括"总领两种具体情形,应认为该等具体情形系不完全列举。若认可此种解释,则存在将"股东委派董事"解释为与信息披露违法违规行为具有直接因果关系之情形的空间。但正如上文讨

---

① 参见中国证券监督管理委员会行政处罚委员会. 证券期货行政处罚案例解析(第二辑)[M]. 北京:法律出版社,2019。

② 参见中国证券监督管理委员会行政处罚委员会. 证券期货行政处罚案例解析(第二辑)[M]. 北京:法律出版社,2019。

③ 参见〔2018〕89号《中国证监会行政处罚决定书(胡宜东、覃辉、康璐等14名责任人员)》;〔2020〕3号《中国证券监督管理委员会广东监管局行政处罚决定》;沪〔2018〕19号《中国证券监督管理委员会上海监管局行政处罚决定书》。

论第一点问题时所说明的，该规定写明的两种情形似乎并非择一满足即可。因此，即使认可该规定可以涵盖"股东委派董事"的情形，该等情形也可能须以"积极地参与违法行为"为前提。

第三，该认定规则中所称"人员"是否可以同时囊括自然人和法人两类主体。如前文所述，委派董事之股东在很多情况下可能系法人股东，若该规定所称"人员"需限缩解释为"自然人"，则该规定恐怕无法应用于追责委派董事之股东。关于该等解释问题，目前尚未有定论。参照《证券法》第八十五条的行文，法条中存在"发行人的控股股东、实际控制人、董事、监事、高级管理人员和其他直接责任人员"的表述，似乎表明前述主体均在"责任人员"的涵摄范畴，考虑到实务中常见的法人系控股股东或国有控股主体系实际控制人的情形，或可认为证券监管领域所指"人员"并非严格限于自然人，进而可囊括法人。但是，就本文写作所浏览的证监会信息披露违法违规案件行政处罚决定书而言，其所认定的"直接负责的主管人员""其他直接责任人员"均为自然人，而不包括法人。因此，该等解释问题同样将成为适用第十七条规定向相关主体追责的障碍。

总之，从理论解释的角度考虑，若要依据《认定规则》第十七条对委派董事之股东进行追责，将存在以下障碍：其一，该等规则可能以相关主体积极参与违法行为为前提，而委派董事之股东未必会积极参与违法行为，可能仅是疏于对受委派董事的监督；其二，该等规则未明确"直接因果关系"的认定标准，而仅存"委派关系"之事实可能未必属于存在"直接因果关系"的情形；其三，该等规则可能同样无法作为向委派董事之法人股东进行追责的依据。尽管监管部门或可通过解释的方法实现向委派董事之股东进行追责的可能性，但该等做法将无异于创设全新的规则。

美国证券私下转售制度研究

张异冉*

摘　要：美国证券法第 4（1½）条、第 4（a）（7）条和 144A 规则共同组成非公开发行证券的私下转售制度体系，打造由获准投资者、合格机构买家等特定投资者组成的私下流通市场。根据转售对象的不同，第 4（1½）条、第 4（a）（7）条和 144A 规则对转售行为提出不同的规范要求。转售制度连接发行和交易，是证券市场后端建设的重要环节。为便利发行在外的证券流通交易，需要妥善平衡相关主体利益，兼顾发行和交易两个环节，统筹存量机制和增量机制。

关键词：转售　非公开发行　流通

一、引言

美国的证券非公开发行制度以其便捷性和经济性吸引众多企业，有效地帮助企业、特别是中小企业获得融资。证券非公开发行制度是 1933 年证券法规定的豁免交易，属于发行证券必须注册的法律政策的例外，在现实中存在利用其架空注册制度的可能性。如果认购人实际上是以公开发行的目的认购非公开发行的证券，获取非公开发行的证券是为分销（Distribute），则将损害证券发行市场的运行秩序，也会让发行人承担因违反注册义务导致的不利后果。

为管控非公开发行证券的转售，美国证券交易委员会（以下简称 SEC）在

---

* 张异冉，法学博士，助理研究员，就职于全国中小企业股份转让系统有限责任公司研究部。论文仅代表个人观点，与所供职单位无关。

1962 年提出把"认购人的投资意图"作为界定非公开发行的原则之一,并在监管实践中陆续明确界定认购人主观意图的标准,包括发行人的防止转售措施、认购人的身份、持有时间和情势变更等。其一,在防止转售措施方面,SEC 主要考察发行人是否在证券上放置标志和发布禁止转让令的额外预防措施,SEC 认为这些措施是防止非法分销的有效手段。其二,在认购人身份方面,SEC 主要考察认购人的既往投资和交易实践,若认购人既往的投资和交易实践或业务的性质和范围与特定交易不一致,或认购人是从事买卖证券业务的人,那么应重点考虑其是否可能成为发行人的承销商。其三,在持有时间方面,SEC 认为如果认购人持有期间越长,就越能说明认购人最初是出于投资的目的而非分销的目的获得非公开发行证券。① 其四,在情势变更方面,SEC 的立场是,如果认购人获得非公开发行证券之后遇到不可预见的情况可能使转售不违背投资目的。但是,主张情势变更必须考虑相关因素。② 有观点认为,无论持有期间如何短暂,投资公司和其他机构投资者不需要在处置非公开发行证券方面受到任何限制。但是,依照证券法的注册要求,机构投资者从发行人或与发行人有控制关系的人之处获得的证券在出售方面受到相同的限制。

SEC 提出的界定标准非常丰富,涉及多个层次和维度,体现分类处理、具体问题具体分析的思路。但是,由于缺乏明确、客观的评判标准,并且过度依赖对个案事实的判断,其结果是让可否合法转售非公开发行证券充满不确定性。仅赋予非公开发行证券的便利却忽视非公开发行证券转售继而流通的便利是不可取的。因为转售限制措施与证券的流通性息息相关,证券的流通性决定持有人转让所持有的证券、防止风险锁定的可能性,关系发行人能否在一级市场成功发行、所发行的证券能否被合理定价。转售限制措施的严格程度与证券的流通性成反比,若采取严苛的转售限制措施,将极大地降低非公开发行证券在二级市场的流通性,挫伤投资者认购证券的积极性,反过来制约发行人在一级市场融资。一些实证研究着眼"公众公司(Public Firms)"所发行的与它

---

① 但是,购买和转售之间的时间长短只是一个被考虑的证据事实,其重要性随每个案件的具体情况而变化,在一定时期内或某些情况下的转售会引发对认购人原始意图的怀疑。

② 例如,市场价格的上涨或下跌或发行人的经营业绩发生变化是正常的投资风险,通常不构成情势变更的事由;购买者无法偿还与购买证券有关的贷款,通常不会被视为不可预见的情况变化;在非公开发行的证券被作为贷款抵押的情况下,抵押权人不可免除注册而分销。此外,诸如通过投资账户而非交易账户持有证券,市场行情上涨时推迟出售,市场行情未上涨时出售等情况能够豁免证券法的注册义务之类的观点是不被支持的。

们公开交易的股票（如普通股）同种类的"受限股票（Restricted Stocks）"①，比较受限股票的发行价格与受限股票发行之时处于公开交易状态的股票的市场价格，②认为非流通性折价在很大程度上导致前述二者的价差。③从20世纪60年代到80年代分别由SEC、咨询机构和学者主导开展的11个研究显示，公众公司发行受限股票与其自身公开交易的股票之间的折价率在25.8%～45%，平均折价率为32.44%。④对小公司和私人公司来说，最大的问题在于非公开发行的股票在很长时间内不可转售甚至根本无法进行转售。⑤

转售限制措施与一级市场证券非公开发行的效能紧密相关。既要防止发行人通过转售架空公开发行制度，维护一级市场的有序运行；又要确保非公开发行证券的流通性，回应发行人和投资者的利益关切，从而彰显证券非公开发行的整体功能。早期美国非公开发行证券的转售之所以遇到困难，是因为规则限制过严、行政管制过强。SEC意识到转售规则的不足，努力使转售规则客观化，基本实现非公开发行证券转售规则的明确、可操作。如今，美国非公开发行证券的转售规则已经形成包含"公开转售（Public Resale）"和"私下转售（Private Resale）"的系统性规定。其中，公开转售解决的是持券人通过"公开市场（Public Market）"转售证券，主要规范依据是证券法第4（a）（1）条和SEC颁布的"144规则（Rule 144）"；私下转售解决的是持券人通过"私下市场（Private Market）"转售证券，主要规范依据是证券法第4（a）（1）条、证券法"第4（1½）条"、证券法第4（a）（7）条和SEC颁布的"144A规则（Rule 144A）"。⑥公开转售与私下转售的核心区别在于转售对象的不同，公开转售的对象是不特定的社会公众投资者，私下转售的对象是"不需要"注册制度保护的特定投资者，后者在SEC的正式规则上表达为获准投资

---

① 受限股票属于受限证券。受限证券（Restricted Securities）是指转售受到限制的证券，受限证券的一个主要来源是非公开发行。

② 换言之，上述实证研究的对比标的是上市公司非公开发行的股票与同种类的在二级市场交易的股票。

③ 参见 William P. Dukes, Business Valuation Basics for Attorneys [J]. Journal of Business Valuation and Economic Loss Analysis, 2006, Vol. 1, Offering. 1, Art. 7, p. 7.

④ 参见 *Id*, at 7&16。

⑤ 参见 *Id*, at 7。

⑥ 不论是公开转售还是私下转售的规则，都不具有排他性，持券人有权依据其他所有可能的规则进行转售。从这个角度看，持券人直接援引证券法第4（a）（1）条的原则性规定也并无不可，但可能面临实际适用的困难。

者（Accredited Investor）或合格机构买家（Qualified Institutional Buyer）。

二、针对特定投资者的私下转售

（一）非正式规则——证券法"第4（1½）条"

1. 第4（1½）条的功能定位

长期以来，"受限证券（Restricted Securities）"的认购人在转售时依据的是证券法第4（a）（1）条提供的注册豁免。在144规则颁布前，SEC工作人员依据第4（a）（1）条发布"不行动函（No Action Letter）"，试图从主体和客体两端界定行为人是否涉及分销。其中，SEC工作人员衡量的标准主要是受限证券的持有时间，时间越长越有利于说明持有人具备投资意图。若持有期间不够长，持有人就需要证明具有情势变更的事由。不过，SEC工作人员依据这种方法作出一些相当荒谬、主观的决定。[1] 1972年颁布的144规则为转售设置若干客观的标准，但144规则没有为持有期间不够长的持有人进行转售提供支持。随着144规则的生效，SEC工作人员停止发布不行动函并不再裁量是否存在情势变更。

作为回应，SEC通过非正式的指导发展出解决上述问题的"影子"豁免——"第4（1½）条"。[2] 之所以得名"第4（1½）条"，是因为SEC以发出不行动函和通告的方式要求持券人在转售时必须满足证券法第4（a）（1）条和第4（a）（2）条之下的某些取得豁免的条件。[3] 当144规则的条件未被满足之时，受限证券的持有人可以依据基于个案构建的第4（1½）条进行转售，若符合其条件，证券持有人可以不被视为承销商，其转售交易不被视为涉及公开发行。

2. 第4（1½）条的规范要求

第4（1½）条被广为引用，SEC的不行动函和解释性文件、法院的判决、业界和学界都支持该规则。[4] 但是，第4（1½）条毕竟是以非正式规则的面目出现的，法律不曾明文规定，SEC也从未像144规则那样明确其内容。在第4（1½）条具有模糊性的情况下，只能依靠分析不行动函、解释性文件等SEC文件来归纳第4（1½）条豁免的规范要求。

---

[1] 参见 Redefining "Public offering or distribution" for today（address to SEC annual fall meeting），Linda C. Quinn, Director of Division of Corporation Finance, 1986, Nov. 22。

[2] 参见 Id。

[3] 参见 The Study Group on Section "4（1½）" of the Subcommittee on: The Section "4（1½）" Phenomenon: Private Resales of "Restricted" Securities [J]. The Business Lawyer, 1979, Vol. 34, No. 4, 1961。

[4] 参见托马斯·李·哈森. 证券法 [M]. 张学安，等译. 北京：中国政法大学出版社，2003。

美国律师协会（ABA）组织的第 4（1½）条研究团队梳理有关实践，对第 4（1½）条的规范要求进行总结，发布名为《第 4（1½）条现象：受限证券的私下转售》的报告。① 报告指出，第 4（1½）条产生的原因在于，要求受限证券持有人为转售进行注册是不必要的负担，并且，注册对于保护认购人来说没有多大意义。报告将第 4（1½）条的规范要求归纳为：其一，受限证券持有人须具备相对较长的持有期间，从而证明持有人的投资意图以及持有人的销售不是为发行人而进行的分销。其二，对于认购人资格问题，SEC 工作人员的观点不统一：某些 SEC 工作人员发出的函件不涉及认购人的资格，但有部分也要求认购人具有一定的成熟度。其三，认购人的人数存在限制。在实践中，SEC 工作人员倾向于向只有单一认购人或有限认购人的转售交易发布不行动函。其四，在信息获取/信息提供方面，SEC 工作人员的态度较为复杂，是否要求认购人必须可获取像注册文件一样的信息或由证券持有人提供此类信息，SEC 工作人员的函件没有统一的立场。其五，限制认购人的转售。SEC 工作人员的函件均认为受限证券认购人接受的是受限证券，在未依据证券法注册情况下不得公开转售。在部分函件中，SEC 工作人员还要求在证券上放置存在限制标志（Restrictive Legends）和禁止转让令（Stop-transfer Orders）。

美国知名证券法学者托马斯·李·哈森教授对第 4（1½）条的豁免标准进行如下总结：其一，获取信息，认购人能够获取发行人的与注册文件所提供的信息一致的当前信息。其二，认购人成熟度，认购人必须具备第 4（a）（2）条的条件，即具备投资经验、理解投资风险以及相对于该投资的适当性。同时，D 条例②赋予不具备上述要求的认购人借助具备经验和专业技能的代表人购买非公开发行证券，授权投资人不需要满足经验要求，这些规定也可以适用于第 4（1½）条。其三，销售方式，按照第 4（a）（2）条的要求，一般性劝诱和广告是被禁止的，依据第 4（1½）规则进行的转售也应如此。③ 其四，转售次数，若在特定期间内发生过多依据第 4（1½）条进行的销售，持有人可能被认定参与分销而被界定为承销商，从而丧失豁免资格。④

---

① 参见 The Section "4（½）" Phenomenon: Private Resales of "Restricted" Securities [J]. The Business Lawyer, 1979, Vol. 34, No. 4, 1961-1978。
② D 条例即 Regulation D，是 SEC 颁布的证券非公开发行的规范依据。
③ 2013 年 D 条例修订以后，美国证券非公开发行不再一概禁止一般性劝诱，文中这一规范要求不再绝对。
④ 托马斯·李·哈森. 证券法 [M]. 张学安，等译. 北京：中国政法大学出版社，2003。

经过有关各界不断努力，适用第 4（1½）条的意见没有根本性的分歧，在实践中适用其进行交易并取得豁免是大体可行的。不过，第 4（1½）条既非法律条文，也非 SEC 正式规则，从根本上讲，想要援引基于个案总结的第 4（1½）条获取豁免注册的资格难以达到正式规则所能提供的确定性。正如上述对于适用条件的总结，不同主体作出的解释并不完全一致，这阻碍第 4（1½）条发挥更大的作用。

（二）正式规则——证券法第 4（a）（7）条

1. 第 4（a）（7）条的定位功能

2015 年 12 月 4 日，美国"FAST"法案①开始施行。"FAST"法案的主旨是改善美国的地面交通运输，特别是升级交通基础设施。作为帮助改善地面交通运输的制度环境的重要举措，"FAST"法案在证券法制方面发力，为非公开发行证券的私下转售交易构建法律框架。② 具体而言，"FAST"法案修改证券法第 4 节（Section 4）的有关规定，为提高公司所发行证券在私下市场（Private Market）的流动性，创制一项新转售规则，打造帮助受限证券私下转售，被编为证券法第 4（a）（7）条的法定豁免（Statutory Exemption）。③

第 4（a）（7）条适用于非公开发行的证券，也即 144 规则界定的受限证券。在引入第 4（a）（7）条之前，进行有关的交易需要援引基于案例构建的第 4（1½）条转售豁免。第 4（a）（7）条吸纳第 4（1½）条豁免，为私下转售非公开发行证券提供豁免注册的正式法律依据。④ 在适用场合上，第 4（a）（7）条是一个转售豁免，因而不适用于发行人。第 4（a）（7）条提供的不是排他性的豁免，有关人员依然可以寻求其他方式来豁免证券法第 5 节的注册要求。⑤ 因此，第 4（a）（7）条不取代第 4（1½）条豁免，若行为人不愿意或不能满足第 4（a）（7）条的要求，第 4（1½）条豁免仍旧可以被援用。在规范效力上，依据第 4（a）（7）条转售受限证券的交易不得构成证券法第 2（a）（11）条规定的分销；上述证券属于证券法第 18（b）条规定的"被覆盖证券

---

① 参见 Fixing America's Surface Transportation Act，即《改善美国地面运输法案》。
② 参见 114TH Congress 1st Session, House of Representatives, Report 114-357。
③ 参见 Thomas R. Taylor, Esq., "Section 4（a）1（1/2）" Exemption for Resales of Restricted Securities Now Codified ［EB/OL］. http：//www.djplaw.com/news/section-4a112-exemption-for-resales-of-restricted-securities-now-codified。
④ 参见 Id。
⑤ 参见 "FAST" Act Sec. 76001. Exempted Transactions。

(Covered Securities)",豁免州证券法或"蓝天法"的注册要求。①

2. 第4（a）（7）条的规范要求

持券人如果依据第4（a）（7）条为私下转售证券寻求豁免，必须满足以下条件：其一，在转售对象资格上，每个转售对象都必须是D条例501规则规定的"获准投资者（Accredited Investor）"。其二，在销售方式上，不论是销售者还是代表销售者行事的人都不能运用任何形式的一般性劝诱或广告来销售证券。其三，在非报告公司的信息要求上，持券人及其指定的潜在认购人都可以基于持券人的请求从发行人处获得特定信息，持券人在任何情况下都可以向潜在认购人提供特定信息，并且需要保证所提供信息的时效性。其四，在对发行人的要求上，发行人必须处于营业状态，不能仅处于设立阶段或在破产程序中，也不能是没有商业计划或发行人的主要营业目的是为兼并或收购不特定人的空白支票公司（Blank Check Company）或壳公司（Shell Company）。其五，在时间要求上，转售与发行必须满足至少90天的时间间隔。②

此外，第4（a）（7）条规定两项消极条件：其一，要求转售交易不得涉及承销商分销的全部或部分证券，也不得涉及承销商认购或参与的交易。其二，提出一旦触犯"不良行为人（Bad Actor）"禁令，不论是销售者还是任何因参与证券销售（包括为销售者向认购人劝诱证券）而接受酬劳或佣金的人，将依据D条例506规则（d）（1）条丧失发行人或其他资格，或依据证券交易法第3（a）（39）条被取消法定资格。

三、针对机构投资者的私下转售

（一）144A规则的定位功能

为因应流动性弱造成非公开发行证券折价的问题，进一步促进非公开发行证券的流通，便利非公开发行证券的私下转售，SEC在1990年4月颁布144A规则的正式文本，③允许将受限证券转售给合格机构买家（Qualified Institutional Buyer）。144A规则的实施增强非公开发行证券的流动性，由其催生的流通市场

---

① 参见Id。
② 参见Id。
③ 参见Securities Act Release No. 33-6862（Apr. 23, 1990）。

使受限证券获得能够媲美公开市场流动性。[①] 从规则本身看，144A 规则只能用作转售的依据，但从 1990 年实施起，发行人便创造性地利用"144A 发行（Rule 144A offering）"进行融资，并由此衍生出二级市场。

在适用场合上，144A 规则适用于受限证券的私下转售，发行人不得依据其进行证券交易。144A 规则不是排他性"安全港（Safe Harbor）"，任何人均可主张其他可能对证券法注册要求的豁免。依据 144A 规则进行的证券交易不影响任何之前或之后的任何发行人或持券人援引证券法第 4（a）（2）条或 144 规则、144A 规则"安全港"等豁免。144A 规则不免除联邦证券法反欺诈和其他条款的适用。基于 144A 规则的目的和证券法律政策，144A 规则不适用于任何虽然技术上满足规定，却属于规避证券法注册条款的交易。144A 规则不取消任何发行人或其他人遵守证券注册或证券交易法下的经纪商—自营商（Broker-dealer）注册要求；不取消任何人遵守州法关于证券发行或销售的要求。

在规范效力上，若满足 144A 规则（d）段的条件，则发行人不被认为参与分销，也不被界定为证券法第 2（a）（1）条和第 4（a）（1）条规定的"承销商"，自营商不被认为参与证券法第 4（a）（3）（C）规定的分销，也不被界定为证券法第 2（a）（11）条规定的"承销商"，自营商的证券销售不被界定为证券法第 4（a）（3）（A）规定的向公众发行。即使发行人的关系人（Affiliates）也可以转售符合 144A 规则的证券，这是因为证券法第 2（a）（11）条将发行人和关系人等同是为认定为连接公开市场（Public Market）充当中间环节的承销商，而 144A 规则是为私下转售（Private Resale）而非公开市场而设。与 144 规则不同的是，从依据 144A 规则进行的交易中获得的证券仍然属于 144 规则（a）（3）条规定的"受限证券"。

（二）144A 规则的建构基础

144A 规则是围绕"合格机构买家（Qualified Institutional Buyer）"概念打造的。合格机构买家概念源自美国联邦证券法的重要原则，界定的是能够保护自己的机构投资者，向这些机构销售证券不涉及公开发行。[②] 144A 规则对合格

[①] 早在1990年，NASDAQ 建立首个服务于依据 144A 规则进行交易的 PORTAL 系统（Private Offering, Resale and Trading through Automated Linkages System）。

[②] 参见 SEC Securities Act Release No. 33-6806（Oct. 25, 1988）。

机构买家进行列举式定义，即合格机构买家包括下列实体（Entities）：

其一，证券法第 2（a）（13）条定义的保险公司；依据投资公司法注册的投资公司或证券法第 2（a）（48）条定义的商业发展公司；小商业投资公司（Small Business Investment Company）；任何由州政府为其雇员利益而设立和运营的"计划"（Plan）；"雇员收益计划"（Employee Benefit Plan）等。其二，依据证券交易法第 15 节注册的自营商（Dealer），为自己或其他合格机构买家行事，总计拥有不属于自身附属机构的发行人至少 1 亿美元的证券和向不属于自身附属机构的发行人投资至少 1 亿美元的证券。其三，依据证券交易法第 15 节注册的自营商（Dealer）代表合格机构买者从事无风险委托人交易（Riskless Principal Transaction）。其四，以自身名义行事或为其他合格机构买家行事的，属于至少拥有发行人 1 亿美元证券的家族投资公司一部分的，依据投资公司法注册的投资公司；而非与投资公司有关联的发行人或该类投资公司的一部分等。其五，所有股权拥有者均为合格机构买家的，为自己行事或为其他合格机构购买者行事的任何实体。其六，任何证券法第 3（a）（2）条定义的银行，任何储蓄和借贷协会或证券法第 3（a）（5）（A）条提到的其他机构等。

（三）144A 规则的规范要求

1. 向合格机构买家销售

原本 144A 规则严格限制与转售证券有关的要约及其他信息在合格机构买家之外传播，但 2013 年 SEC 依据 JOBS 法案第 201（a）（2）条修改 144A 规则，允许发行人利用一般性劝诱的方式向合格机构买家进行要约，也可以向非合格机构买家进行要约，但证券的实际认购人必须是合格机构买家或者是卖家及其代理人合理相信属于合格机构买家的投资者。[①] 持券人或其代表人须采取合理的步骤确保购买者认识到持券人是在依据 144A 规则寻求豁免证券法第 5 节规定的公开发行的注册义务。

2. 销售的证券须遵循可替代性排除原则（Fungibility Exclusion）

发行证券之时，不能有相同种类的证券在证券交易法第 6 节规定的全国性证券交易场所上市，或在美国自营商自动报价系统（US Automated Inter-dealer Quotation System）挂牌。界定"非可替代性"的时间点是证券最初发行之时而非转售之时。即使非公开发行证券的发行人已经公开化（Go Public）并在全国

---

① 参见 SEC Securities Act Release No. 33-9415（Jul. 10, 2013）。

性证券交易场所上市或在自营商自动报价系统挂牌,他们也要受到非可替代性原则的约束。根据可替代性排除原则,意在避免制造"影子市场"(Shadow Markets),防止平行的两个市场产生价格冲突,确保机构投资者无法利用价差进行投机活动。由此,一个公司不能同时在私下市场与公开市场发行、上市(挂牌)交易同类证券。这一原则最重要的功能是阻止美国上市公司进行"144A 发行"。但是,发行人可以有同种类证券在 OTC Bulletin Board 或粉单市场挂牌,因为这些市场都不是全国性证券交易场所或自营商自动报价系统。

3. 持券人和认购人有权获取信息

若发行人的证券不适用证券交易法第 13 节或第 15(d)条(发行人不是报告公司),也不免除证券交易法 12g3-2(b)规则的报告义务,也不是 405 规则定义的、有资格依据证券法附则 B 注册的外国政府,在证券销售时或销售前,持券人和被持券人指定的潜在认购人有权请求发行人提供下列信息:关于发行人及其提供的产品和服务的简短报表;发行人最近的资产负债表、收益表以及发行人上市前两个财年的类似财务报表。

(四)144A 规则的衍生市场

如前所述,市场主体利用 144A 规则创造 144A 发行。144A 规制是转售规则,并非发行规则,不适用于发行人。之所以发展出"144A 发行"概念,不是指 144A 规则构建独特的发行方式,而是意在凸显投资者利用 144A 规则带来的便利的转售条件参与受限证券的发行。具体来看,市场参与者可以基于 144A 规则通过"两步走"来进行发行活动:第一步,利用证券非公开发行制度向合格机构买家销售证券,因为使用非公开发行制度,发行人无须受注册义务约束;第二步,认购非公开发行证券的合格机构买家依据 144A 规则向其他合格机构买家转售证券,让非公开发行证券在二级市场自由流通,但这个二级市场只能由合格机构买家参与。144A 规则是证券法第 4(a)(1)条之下的豁免,针对的是转售行为,不是第 4(a)(2)条之下的豁免,豁免转售的注册而非发行的注册。发行人向第一层认购人(First-tier Purchaser)销售证券依然需要依据证券法第 4(a)(2)条及其之下的规则(如 D 条例 506 规则)寻求豁免,只有第一层认购人向其他认购人转售非公开发行证券才可以援引 144A 规则。[①]

144A 规则的影响不局限于二级市场。144A 规则为受限证券向机构投资者

---

① 参见 SEC Securities Act Release No. 33-6862 (Apr. 23, 1990)。

私下转售提供明确法律依据，与先前非公开发行证券的转售规则相比，144A规则的优势在于合格机构买家之间的交易不受持有期间的限制，即不要求受限证券持有人历经持有期间即可立即转售（Immediately Resell），进一步提高证券流通性和交易效率，大大降低因流通性不足带来的非公开发行证券的折价率。并且，有关的机构为"144A发行"而设的市场是封闭的、非公开的市场，仅限合格机构买家参与，卖方在交易过程中无须核实交易对手资格，因为持券人"合理地相信"接手的投资者是合格机构买家为144A规则所允许。

144A规则开拓的证券市场起步较为缓慢，最初的市场状况不如预期，[①] 以至于NASDAQ在2001年停止机构间市场——PORTAL系统的交易。但是，自2002年《萨班斯—奥克斯利法案》颁布起，市场又获得爆发式增长。2006年的144A发行的融资规模相较2002年扩大3倍，达1万亿美元。[②] 在此背景下，许多大型投资银行纷纷加入，为依据144A规则进行的证券交易专门设立交易市场。例如，2007年7月、8月，高盛集团创设GS Tradable Unregistered Equity OTC Market（GSTrUE），摩根大通创设144A PLUS，花旗集团、雷曼兄弟、美林银行和摩根士丹利共同创建Opus-5，贝尔斯通创建Best Markets。为抓住市场机遇，NASDAQ在2007年8月重建基于网络技术的为"144A发行"服务的集中竞价和交易系统。后来，许多大型机构的"144A市场"都加入NASDAQ主导的PORTAL联盟。PORTAL市场只限交易商、经纪商和符合PORTAL要求的合格机构买家加入，在加入之前，合格机构买家必须签署协议同意PORTAL市场的规则。[③]

"引人瞩目"的144A发行发生在2007年5月25日，美国著名的橡树资本管理公司（Oaktree Capital Management LLC）进行一项"前所未有"的交易——以8.8亿美元的价格向合格机构买家销售自己15%的股权份额；[④] 在2012年4月

[①] 参见Lawrence R. Seidman, SEC Rule 144A: The Rule Heard Round the Globe—Or the Sounds of Silence?, 47 BUS. Law, 346, 1991。

[②] 参见William K. Sjostrom, Jr., The Birth of Rule 144A Equity Offerings, 56 UCLA L. Rev., 411, 2008-2009, note 9。

[③] 参见SEC Securities Exchange Act Release No. 34-56172 (Jul. 31, 2007)。

[④] 参见Henry Sender, Oaktree to Try a New Twist for Share Sale; Use of Goldman Market Avoids Regulations, Doesn't Cede Control, WALL ST. J., May10, 2007。

进行 IPO 以前，这部分 2300 万"A 类别股"通过高盛集团的 GSTrUE 交易。① 该交易之所以具有开创性，是因为传统上私人公司进行如此大规模的股票发行只能依靠首次公开发行（IPO）走向公开市场（Go Public），但橡树资本公司没有采用 IPO 的发行架构，转而采用 144A 发行，② 即在向合格机构买家进行非公开发行之后，合格机构买家在不受持有时间和转售数量限制的情况下，依据 144A 规则在"144A 市场"交易非公开发行股票。

总的来看，144A 市场以其优势激发发行人和投资者使用证券非公开发行制度的热情。在实践效果上，144A 规则催生的市场成功地连接发行市场和交易市场，拓展资本市场版图，丰富多层次资本市场结构。2008 年国际金融危机后，根据 JOBS 法案修订的 144A 规则废除转售时的一般性劝诱禁令（Ban on General Solicitation），更是大幅拓展 144A 规则的适用空间。

"144A 发行"的蓬勃发展有独特的时代背景。进入 21 世纪，美国资本市场经历巨变。在安然公司丑闻和世通公司事件爆发后，美国国会于 2002 年 1 月 23 日通过提高公司信息披露的准确性和可靠性来保护投资者的《萨班斯—奥克斯利法案》（Sarbanes-Oxley Act of 2002）。③ 该法案强化公众公司监管，使私人公司公开化（Go Public）的成本高昂，降低 IPO 市场的吸引力。④ 此时，业界逐渐将视线转向 144A 市场。可以说，144A 市场的兴起反映市场对严管公众公司趋势的回应。

四、结语

在我国证券法上，虽然对证券的转让期限、持有时间、卖出数量、卖出方式和信息披露等进行原则性规定，但没有明确提出转售概念，公司法等法律法规的规定较为简单，根据证券法制定的规章和规范性文件、交易所业务规则也仅针对交易所市场，有关的规范要求呈现较为明显的"条块分割"特征。可以

---

① 参见 Form 10-K, Annual Report Pursuant to Sec. 13 or 15（d）of The Securities Exchange Act of 1934, For the fiscal year ended December 31, 2015 [EB/OL]. https：//www.sec.gov/Archives/edgar/data/1403528/000140352816000045/a201510-kdoc.htm#s321E62EF355A5AED98E2FE3D2CA66FE2。

② 参见 William K. Sjostrom, Jr., The Birth of Rule 144A Equity Offerings, 56 UCLA L. Rev., 410, 2008-2009。

③ 通过 H. R. 3763, 107th Congress, 2nd Session。

④ 参见 William J. Carney, The Costs of Being Public After Sarbanes-Oxley: The Irony of "Going Private", 55 EMORY L. J, 144（2006）。

说，我国没有建立起一套完整、统一的证券转售制度。转售制度的缺乏与我国未确立明确、完整的证券非公开发行（私募发行）制度有关，① 证券转售毕竟是证券非公开发行的后端，证券非公开发行制度的缺位削弱了建立证券转售制度的必要性。为防范金融风险，避免历史上曾出现过的场外市场乱象，以规范、稳定为主线建构证券发行制度具有较大的现实意义。我国各界对证券非公开发行制度的认识还不够统一，尚未就非公开发行的界定以及制度建构达成基本共识。因此，体系构建证券非公开发行制度以及证券转售制度在当前一个阶段可能并不是立法者的优先选项。

美国的证券非公开发行及转售制度已经施行多年，在丰富资本市场层次、健全资本市场功能等方面起到积极的作用。特别是近年来，美国证券非公开发行制度的影响力愈发增强，帮助发行人筹集到的资本额不断攀升，有效地支持大量企业、特别是中小企业的发展。SEC公司融资部的统计数据显示，2014年，美国市场上公开发行筹集到的资本额约1.35万亿美元，506（b）和506（c）两类非公开发行筹集到的资本额总计约1.3万亿美元；② 2019年，美国市场上公开发行筹集到的资本额约1.2万亿美元，506（b）和506（c）两类非公开发行③筹集到的资本额总计约1.56万亿美元。④ 可见，在直接融资占比较高的美国，尽管公开发行市场逐渐萎靡，非公开发行填补公开发行的市场份额，在支持企业融资方面起到极为重要的作用。正如前文所述，转售流通是非公开发行制度的后端，如果没有后端"发力"，前端的证券非公开发行恐难如此活跃。⑤ 打造一个稳健、高效的后端，必然要对一二级市场进行合理平衡、对相关主体的利益进行妥善安排、对增量机制与存量机制进行系统集成。

尽管我国暂时没有证券转售制度，但私下转售制度的建构与发展所昭示的一般法理完全可以由制度设计者根据具体情况灵活运用。首先，在原则上，应

---

① 我国证券法没有界定证券非公开发行，证券投资基金法作出了关于基金份额非公开发行（私募发行）的规定，从整体看，我国法律没有明确规定证券非公开发行制度。
② 参见 Scott Bauguess, Rachita Gullapalli, and Vladimir Ivanov, Capital Raising in the U.S.: An Analysis of the Market for Unregistered Securities Offerings, 2009-2014, pp.6-7 [EB/OL]. https://www.sec.gov/dera/staff-papers/white-papers/unregistered-offering10-2015.pdf.
③ 这两类非公开发行都是D条例的主要组成部分。
④ 参见 SEC Securities Act Release No. 33-10824 (Aug. 26, 2020).
⑤ 对此有一个佐证，2018年、2019年纽交所和纳斯达克两个交易所相继推出存量股直接上市制度，旨在为已经通过非公开发行筹集到足够多的资金、没有融资需求，但需要为非公开发行的发行对象（认购人）解决公开市场的流通渠道。

当明确发行在外的证券存在客观的流通需求，不论是设计发行机制还是设计交易机制，都需要畅通证券的流通机制和流通渠道。其次，转售制度具有多层次性，不论是转售机制还是转售机制连通的流通市场，都契合资本市场的多层次特性。在进行制度设计、畅通证券流通机制和流通渠道之时，需要按照相同类型相同处理、不同类型不同处理的类型化方式进行合理安排。再次，制度设计需要统筹前后端，要考虑证券的来源和流通后的去向，根据不同情况匹配不同的路径。我国虽然没有一整套明确的证券非公开发行制度，但存在一些实质上属于非公开发行的制度和与非公开发行具有一定程度相似性的制度，前者如发起设立股份公司场合的认缴出资、上市公司非公开发行股票，后者如定向发行。在基于资本市场的流通市场方面，根据证券法的规定，存在证券交易所、证券交易场所、区域性股权市场之分，三者的市场规模、市场参与者、交易机制等要素不尽相同。从法理上看，提出持有时间、数量限制等要求的核心是考察投资者的风险识别能力、风险承受能力。最后，注重在不同流通渠道制度设计的内在协调和匹配，形成制度的体系性，并为流通机制的进一步发展预留接口和空间。

稿 约

《多层次资本市场研究》是由全国中小企业股份转让系统有限责任公司主办，面向社会公开连续出版的学术类出版物。内容涵盖中小企业发展、资本市场制度创新、金融创新等我国资本市场发展的重要问题。风格为理论与实践并重、宏观与微观结合、现实与前瞻兼顾。

选题范围包括：资本市场制度改革创新研究、新三板市场发展研究、民营经济产业研究、中小企业发展研究、资本市场微观行为研究、域外资本市场分析及启示、上市及挂牌公司案例研究、金融科技等。

栏目设置包括"理论前沿""制度探索""企业研究""金融科技""域外经验""案例分析"等，每辑根据实际情况适当调整。

现面向全国经济、金融、法律、投资等理论界、实务界，诚征稿件。来稿应论点鲜明、逻辑严谨、结构合理、可读性强，具有学术深度和实践应用价值。稿件篇幅以8000~10000字为宜，特别优秀的理论稿件不受此限。稿件一经录用，编辑部将及时通知作者；采用后将根据文章质量及字数支付稿酬，并奉送样书。

投稿请发送至以下电子邮箱：tougao@neeq.com.cn，并附作者简介，包括姓名、署名单位、职务或职称、研究领域、通信地址、邮政编码、联系电话、E-mail等信息。所有投稿应符合国家著作权规定、公认学术规范和所附《编辑体例》要求。

本书编辑部保留对来稿进行文字性和技术性修改的权利。所采用文章均不代表全国股转公司观点，文责由作者自负；除特别说明外，文章为作者个人观点，与其所在单位、职务无关。

投稿人向《多层次资本市场研究》投稿，即视为接受本稿约，并授权本书将稿件纳入《中国学术期刊网络出版总库》及CNKI系列数据库、"北大法宝"（北大法律信息网）期刊数据库等学术资源数据库以及全国股转公司官方互联网平台，稿酬已包含上述数据库著作权使用费。如有异议，请来稿时注明。

编辑体例

投稿论文应为作者原创、未公开发表、无知识产权争议并应符合学术规范，严禁一稿多投，并符合以下要求。

一、文章字数

文章应论点鲜明、逻辑严谨、可读性强，具有学术深度和实践应用价值，字数在8000~10000字为宜，特别优秀的理论文章字数不限。

二、标题

文章题名一般不超过20个字，必要时可加副标题。黑体三号字，居中。

三、作者

题目下方一行署名作者，宋体小四号字（居中），附加脚注、使用上标星号（*）标明，脚注中应当注明作者姓名、工作单位、职务、职称、学历。

四、摘要和关键词

摘要一般不超过300字；关键词3~5个，关键词之间用空格分隔。宋体小四号字，首行缩进。固定行距28磅。

五、正文

正文区分标题和内容，标题首行缩进，层级依次为"一、……""（一）……""1.……""（1）……""①……"。一级标题采用黑体小四号字；二级标题采用楷体小四号字；内容首行缩进，宋体小四号字，固定行距28磅。

六、注释和参考文献

注释采用页下脚注,分页连续编号。注释非引用原文者,注释前加"参见";引用资料非原始出处者,注明"转引自";数个注释引自同一资料者,可合并同注。

参考文献附于文后,连续编号。注码放在文章标点之后,注码符号为"[1]……"字体及字号:宋体小五号字,首行缩进。

(一)著作类

1. 独著作品

董安生. 民事法律行为 [M]. 北京:中国人民大学出版社,2000:19-22.

2. 合著作品

徐明,李明良. 证券市场组织与行为的法律规范 [M]. 北京:商务印书馆,2002:10.

3. 多人合著作品

左卫民,等. 可持续发展与环境资源法制建设 [M]. 北京:中国法制出版社,2003:214-216.

4. 编辑作品

国务院研究室编写组. 十三届全国人大一次会议(政府工作报告)辅导读本(2018)[M]. 北京:中国言实出版社,2018:65-67.

(二)论文类

1. 期刊

谢庚. 新三板服务中小微实践 [J]. 中国金融,2018(19).

2. 论文集

(1)公开发行类

尹田. 论动产善意取得的理论基础及相关问题 [M] //民商法论丛(第29卷). 北京:法律出版社,2004.

(2)非公开发行类

李文超,李明红. 新形势下乡土法官调解模式的检视与完善——从人民法庭家事纠纷的微观角度 [C]. 最高人民法院第二届人民法庭论坛论文集,2017.

3. 学位论文

王刚.西方各国金融系统演进和功能的制度分析——兼论我国金融系统的改革[D].长春:吉林大学,2004:189.

(三) 译作类

亚当·斯密.国富论[M].唐日松,等译.北京:华夏出版社,2005:224.

(四) 报纸类

郑志刚.CDR:只是刚刚吹响上市制度改革的号角[N].经济观察报,2018-04-16.

(五) 辞书类

沃克.牛津法律大辞典[M].北京社会与科技发展研究所,译.北京:光明日报出版社,1988:68.

(六) 外文类

遵从该文种注释惯例。英文注释体例如下:

1. 著作类

Harold U. Faulkner. American Economic History [M]. Harper & Brothers Publishers, 1960: 23-25.

2. 论文类

Gavin Goh & Andreas R. Iiegler, Retrospective Remedies in the WTO after Automotive Leather [J]. Journal of International Economic Law, 2003, 9.

(七) 网络类

梁慧星.关于中国物权法的起草[EB/OL].[2009-08-08]. http://article.chinalawinfo.com/article/user/article_display.asp?ArticleID=29283.

七、其他要求

(一) 关于文章中的外文词语

1. 文章正文中第一次出现的外文词语,请不仅要标注出中文译义,并写全外文单词。

2. 图表中的图标、表头与单位等请用中文词汇。如引用外文,请标注中文译义。

(二) 关于文章引用法律法规条文

1. 发布与实施的时间及发文单位要正确。

2. 法律法规的名称及引文内容要准确无误。引用具体法律法规、规范性文件应当加用书名号，首次引用应当使用全标题，如《中华人民共和国证券法》《中国证监会关于进一步推进全国中小企业股份转让系统发展的若干意见》。

3. 法条或文件内容序号（第×条、第×款、第×项）、时间（世纪、年代、年月日等）、数量金额等使用阿拉伯数字，但直接引用原文的从原文。

(三) 关于图表

1. 文中若出现图表，内文中应提到"见表1……"或"见图1……"。

2. 图表中如有数字，请注明单位，图表中的图标、表头与单位等请用中文词汇。

3. 请注明图表的数据来源。

(四) 关于统计百分比数据

含有百分比的数据要四舍五入精确到0.01%，各占比部分相加之和的误差小于或等于0.01%。